JN418309

무모해도 괜찮아,
쿠바니까

무모해도 괜찮아, 쿠바니까

초판인쇄 2019년 8월 2일
초판발행 2019년 8월 2일

지은이 김광일
펴낸이 채종준
기획·편집 이아연
디자인 김예리
마케팅 문선영

펴낸곳 한국학술정보(주)
주소 경기도 파주시 회동길 230(문발동)
전화 031 908 3181(대표)
팩스 031 908 3189
홈페이지 http://ebook.kstudy.com
E-mail 출판사업부 publish@kstudy.com
등록 제일산-115호(2000. 6. 19)

ISBN 978-89-268-8891-9 13950

무모해도 괜찮아, 쿠바니까

글 · 사진 김광일

이담 Books

“선배! 제 책 한번 읽어 보시겠어요?”

아끼는 후배 김광일 기자가 곧 나올 책이라며 PDF파일을 내밀 때만 해도 나는 이것이 여행기일 것이라고는 상상조차 하지 못했다. 당연히 취재 후일담을 적은 책 혹은 기자 지망생을 위한 취업 지침서일거라 믿으며 파일의 첫 페이지를 연 순간, 아뿔싸! 쿠바라고?
집에 가 잠잘 시간도 부족하다는 경찰 기자가, 그것도 어떤 일이든 마다 않기로 유명한 ‘열혈 기자’ 김광일이 대체 언제 쿠바를 갔으며 언제 책을 썼단 말인가! 놀라움을 안고 한 장 한 장 책장을 넘기기 시작했다.

매일 새벽에 일어나 밤이 늦어서야 끝나는 나의 일과는 늘 피로와의 싸움이다. 그 날도 일과를 마치고 지친 몸을 이끈 채 의자에 비스듬히 몸을 기대고 슬렁슬렁 글을 읽어 내려가기 시작했다. 후배가 읽어 봐 달라고 건넨 책을 무시할 수 없었기에 의무감 반 호기심 반으로 파일을 연 것이다. 그런데 책의 절반쯤을 지나갈 때 이미 나의 상체는 모니터 가까이 바싹 당아 있었다. ‘방랑자 김광일’에게 홀딱 감정 이입이 되어버린 것이다.

더 이상 사람에 치이기 싫다며 혼자 떠난 여행에 '심쿵' 했고, 숙소에서 생전 처음 만난 이방인들끼리 속마음을 터놓고 친구가 되는 모습에 솔깃했으며, 숨겨진 천국 프라야 히론 석양 아래에서 마시는 럼주에 취했고, 카리효 축제 마당에서 울려 퍼지는 타악기 소리에 심장을 내놓았다. 물론 변기 커버조차 갖춰지지 않은 더러운 숙소나 파리 떼가 끓는 식당에서의 경험이 유쾌할 리 없겠지만 그 조차도 나는 부러웠다. 젊은 여행자만이 체험할 수 있는 리얼한 쿠바의 모습일 테니까.

이 책이 좋은 건 여행을 업으로 하는 여행 작가의 그것이 아니기 때문이다. 2019년 대한민국을 살아가는, 그것도 치열하게 살아가는 평범한 직장인이 어느 날 모든 것을 버리고 낯선 땅으로 날아간 일종의 일상 탈출기이기 때문이다. 당장 떠나고 싶다면, 가족도 친구도 일도 '딱' 놓고 혼자 떠나고 싶다면, 그런데 현실이 녹록지 않다면 일단 이 책을 펴시라. 어느샌가 부에나 비스타 소셜클럽의 〈Chan chan〉이 귓가를 흔들고 있으리라. Hola, Cuba!

- CBS 〈김현정의 뉴스쇼〉 김현정 앵커

PROLOGUE

어쩌다 쿠바

업무에 치이고 사람에 질려버렸던 2018년 어느 봄날. 머리나 식힐 겸 출입처인 경찰청 지하 사우나를 찾았다. 운 좋게 아무도 없었다. 방해받지 않고 오롯이 혼자 보낼 수 있는 유일한 시간이었다. 물 한 번 후딱 끼얹고 온탕으로 직행했다. 크으으으, 아저씨 같은 소리가 나도 모르게 터져 나왔다. 좋구나. 하지만 그것도 잠시, 이내 휴대전화 진동이 울렸다. 에휴, 잠시도 가만히 두질 않는다는 생각에 한숨이 절로 나왔다. 씻을 때도 일과 함께 해야 하는 신세. 젠장, 처량했다. 그러나 발신자는 최근 퇴사한 회사 선배였다. 예전부터 동네 형같이 편한 존재였던 터라 그나마 마음 편히 받았다.

"이번에 휴가를 2주나 줬다며? 대박이다 야."

"법적으로 보장된 연차, 몰아서 쓰는 것뿐인데요 뭘."

"그래도 그게 쉽냐. 우리 때는 일주일 가는 것도 눈치 보였어 인마. 어디로 갈지는 정했어?"

"기왕 가는 거 최대한 멀리 가고 싶어요. 계속 페루를 알아봤었는데 거긴 이미 많이들 갔더라고요. 좀 더 새로운 곳 없을까요?"

"그럼 쿠바는 어때?"

무릎을 탁 쳤다. 느낌이 왔다. 휴가 기간 동안 철저하게 혼자이고 싶었고, 먼 나라 쿠바라면 막연하지만 적격일 것 같았다. 삶의 다양한 관계에서 필연적으로 발생하는 책임감에서 잠시나마 벗어나고 싶었다. 좋은 기자, 좋은 선후배, 좋은 아들, 좋은 오빠, 좋은 애인, 좋은 친구가 되기 위해 입었던 겉옷을 몽땅 벗어 버리고서. 조금 고되더라도 그런 곳에서 해방감을 맛보고 싶었다. 철딱서니 없이 살아도 누가 뭐라 하지 않을 곳, 쿠바라면 괜찮을 것 같았다.

그렇게 떠난 여행이었지만 생각보다 험난했다. '극한 직업'으로 알려진 수습기자, 그리고 지난 4년 동안 몸 바쳐 일했던 사회부 생활보다 더 하면 더 했지 덜 하진 않았다. 구글 지도 어플도, 네이버 검색도 안 되는 곳을 정처 없이 쏘다니다 길 잃고 배회하기 십상이었다. 현지인들에게 다가가 '돈데 에스타(~가 어디 있나요?)' 하고 길을 물어도 영어인지 스페인어인지 알아들을 수 없는 대답만 돌아왔다. 혼자 다닐 때면 거인국에 간 '작은 걸리버'가 된 것 같았다. 그만큼 현지인 사이에서 긴장을 놓지 못했다. 무섭고 불안했고 외로웠다. 화려하고 안락한 감상보다 고생했던 기록이 가득한 이유다.

그래도 이 책은 해피엔딩이다. 아무도 내게 특정한 역할을 강요하지 않았기에 이곳에서는 꼭 착하고 유능한 사람이 될 필요도 없었다. 나는 그저 또 한 명의 지나가는 나그네일 뿐이었다. 타인에게 피해만 주지 않는다면 적당히 이기적이고 적당히 계산적이어도 괜찮았다. 온종일 늘어져 있다 새벽 늦게까지 취해 있어도, 쓸 만한 글감이나 좋은 사진을 찍지 못해도 자책할 필요가 없었다. '고독할 자유'를 스스로 포기하면서부터는 좋은 사람들을 만나 적당히 이기적이고 적당히 계산적이어도 괜찮았다.

그렇게 혼자서 당차게 쿠바를 찾은 서른한 살 청년이 300여만 원을 들여 2주 동안 겪었던 56가지의 '사서 고생한 이야기'를 간추려 적었다. 찬찬히 읽다가 잠시 피식, 웃음 지을 수 있기를 바란다.

더불어 귀에는 음악을 듣기 위한 이어폰을 꽂으시길 추천한다. 쿠바의 대표적인 재즈 그룹 부에나 비스타 소셜 클럽(Buena Vista Social Club) 음악이면 더없이 좋겠다. 책장을 넘기다 본문 양쪽에 QR코드가 보이면 스마트폰으로 찍어 보자. 글만 보고는 상상하기 어려운 현장의 모습을 생생하게 보고 들을 수 있도록 여행 중 액션캠으로 찍었던 영상을 거칠게 편집해 게시해 놓았다. 자 이제 출발이다. 허세 끼 쭉 빼고, 쉽고 담백하게 적겠다.

CONTENTS

쿠바로그 01

컬러풀 아바나
(La Habana)

버뮤다 삼각지대

보통 목적지를 정하면 곧장 뛰어드는 편이다. 도착점을 살짝 틀어야 할 때도 있지만, 방향까지 달라지는 경우는 많지 않다. 그렇기에 무얼 하든 우물쭈물하다 싱겁게 제자리만 지키는 것보다 일단 뛰어드는 것이 훨씬 효과적이라고 믿는다. 하지만 이번 쿠바 여행 준비는 그게 말처럼 쉽지 않았다. 항공권 가격에 놀라 뜸들이기만 한 달. 갈수록 값이 더 오르는 걸 보고 나서야 침 한 번 꼴딱 삼키고 질렀다. 준비 과정도 만만치 않았다. 특별히 꼭 들러야 하는 목적지가 있는 건 아니었지만 숙식은 어떻게 해결해야 할지, 인터넷은 어떻게 쓸 수 있고 또 준비물은 무엇을 챙겨야 할지 등 최소한의 조사가 필요했다. 그러나 관련 서적과 블로그 글 따위를 찾아 읽어봐도 현지에서의 생활이 머릿속에 쉬이 그려지지 않았다. 기록보다 변화가 더 빠른 곳이기 때문이었을까?

무엇보다 당장에 먹고 사느라 바쁘다 보니 많은 시간을 들일 여유가 없었다. 사회부 사건팀에서 부팀장을 맡자마자 전국에서 연쇄적으로 대형 화재가 발생했다. 충북 제천과 경남 밀양, 나중에는 서울 종로까지……. 더불어 성폭력 피해를 릴레이로 고발하는 미투(Me Too) 운동과 드루킹 댓글 조작 사건은 모두 우리 팀이 맡아야 할 사건이었다. 동시에 새로 입사한 수습기자들을 교육하면서 지난해부터 가열하게 취재해 오던 베트남 전쟁 한국군 민간인 학살과 청소년 성매매, 그리고 일본군 위안부 문제와 관련한 기획기사의 마감 시한이 빽빽하게 놓여 출국 직전까지 여유를 갖지 못했다.

'어떻게든 되겠지' 하는 근거 없는 자신감은 공항에 도착해서야 깨어졌다. 2주치 짐 15kg이 담긴 캐리어를 수하물로 보내고 나니 그제야 슬슬 겁이 나기 시작했다. 사람은 궁지에 몰려야 비로소 절대자를 찾는다고 하던데. 때마침 인천공항 출국장에 있는 '기도실'이 눈에 들어왔다. 원래 이런 게 있었나? 그동안 수도 없이 오갔던 길인데 기도실은 처음 봤다. 《해리포터》에 나온 마법, 9와 4분의 3번 승강장 같은 느낌이었다. 이어 좁은 통로를 따라 들어갔다. 두 평 남짓 되는 엄숙한 공간이 모습을 드러냈다. 눈을 감고 조용히 두 손을 모았다. 하나님, 제가 혼자서 뻴뻴대며 사막의 음침한 골짜기로 다닐 지라도 안전하게, 그리고 건강하게 지켜주소서.

기내에 올라서는 창가 쪽 자리를 잡았다. 미리 예약해 둔 구석진 좌석이었다. 창가 자리는 방해 받지 않고 잠을 자기에도, 혼자 조용히 무언가에 집중하기에도 좋았다. 이동 중에라도 미진했던 여행 준비에 열을 올려야 할 상

▲ 캐나다 국적기인 '에어캐나다'를 이용해 토론토를 경유했다. 한국에서 쿠바로 오갈 때는 이처럼 캐나다나 미국, 멕시코나 프랑스 등을 경유하는게 일반적이다. 아직 직항편이 뚫리지 않았기 때문이다.

황이었다. 지인으로부터 최근 빌려온 절판된 가이드북을 꺼내 들었다. 그렇게 두어 장 읽었을까, 곧바로 기내식이 나왔다. 닭고기 요리에 와인 한 잔이었다. 자리가 불편했지만 먼 길 가야하니 든든히 먹었다. 그런데 어느덧 해가 뉘엿뉘엿, 저녁 7시였다. 눈꺼풀이 무거워져 잠시 눈을 좀 붙이기로 했다.

"이 비행기는 30분 뒤 아바나 호세마르티 공항에 도착합니다."

아뿔싸! 한숨 잤더니 토론토, 경유해서 또 한숨 잤더니 벌써 여기가 쿠바 상공이란다. 평소에도 머리만 붙이면 잠이 드는 스타일이라지만 이번엔 좀 심했다. 인천에서 아바나까지는 편도 18시간, 토론토 공항에 경유하는 시간까지 포함하면 대략 하루 가까이가 걸렸다. 그걸 단숨에 순간 이동 해버린 것이다. 비행기나 배가 종종 사라진다는 이른바 '마의 바다' 버뮤다 삼각 지대가 지척에 있다는데 그 영향을 받은 게 아닐까 의심스러웠다.
시늉만 하다 끝내버린 여행 준비는 못내 아쉬웠다. 손가방에 든 가이드북, 스페인어 교재, 그리고 이번 여행을 앞두고 야심차게 다시 읽기 시작한 《체 게바라 평전》도 괜히 민망해졌다. 새벽까지 기사 쓰느라 늦게 잤던 탓일까? 아니면 비행 멀미? 여전히 미스터리다.

독립 영웅 '호세 마르티'의 이름을 딴 아바나 국제공항은 좀 을씨년스러운 분위기였다. 전력을 아끼려는 걸까, 천장에 달린 형광등은 듬성듬성 일부만 켜져 있었다. 직원들은 우리로 치면 국방색 옷을 입고 있었는데 모두 금방이라도 화를 낼 것 같은 표정이었다. 그 가운데 나는 여행객들 사이를 성큼성큼 걷고 있었다. 긴장이 됐는지 손가방을 들고 있던 오른손 아귀에 나도 모르게 힘이 들어갔다. 흥이 많은 동네라고 들었는데 내가 잘못 알았던 걸까? 걱정이 앞섰다. 그러고 보니 밖은 아직 캄캄한 밤이었다. 시차를 거슬러 날아와 이곳은 아직 하루가 지나지 않았기 때문이다. 1분 1초가 아쉬운 휴가 중에 이렇게 하루를 공으로 벌었으니 기뻐해야 할까? 물론 따지고 보면 조삼모사다. 반대로 한국으로 돌아갈 때 시간이 빨라져 상쇄될 테니까. '에휴! 그때까지 무사히 잘 다닐 수는 있겠지?' 걱정이 앞섰다.

이제 시내로 이동해야 할 차례다. 쿠바 택시는 탑승 인원과 관계없이 이동 거리를 기준으로 가격을 매긴다. 혼자 타면 손해라는 얘기다. 한국인을 붙잡고 싶지만 주변엔 온통 낯선 서양 사람만 가득했다. 그나마 친숙해 보이는 일본인, 그리고 중국인들에게 접근했지만 이미 정원이 꽉 찼다는 이유로 거절 당했다. 아이고, 자신만만했지만 벌써 쉽지 않았다. 영어라도 잘했다면 그나마 나았을 텐데! 우물쭈물하다 공항 2층에 있는 환전소(Cadeca)에 들러 돈부터 바꿨다.

'나, 지금 떨고 있니?'

꼬리꼬리한 된장 냄새

공항은 금세 한적해졌다. 잠시 환전소에 다녀온 사이 다들 벌써 공항을 빠져나갔나 보다. 다급한 마음에 근처에 있던 포르투갈 부부에게 들이댔다. 험상궂게 생긴 남편이 조금 무서웠지만 시간이 지날수록 선택지는 더 줄어들 게 뻔해 보였다. 어쭙잖은 영어로, 알고 있는 단어를 조악하게 갖다 붙였다.

"어디로 가시나요? 저는 카피톨리오로 가는데요. 같이 가실래요?"
"좋아요. 그런데 꼭 택시여야 하나요?"
"택시 말고 다른 방법이 있나요?"
"우리는 가이드를 기다리고 있거든요. 그 차를 함께 타도 괜찮아요?"
"물론이죠."

▲ 택시 정류장 앞에 있는 1층 환전소는 보통 대기자가 많으니, 공항 내 2층 환전소를 이용하는 편이 좋다.

그들이 고용한 현지인 가이드는 곧바로 도착했다. 덕분에 단돈 10쿡으로 시내까지 이동할 수 있게 됐다. 1쿡은 1달러쯤, 원화로는 천 원이 조금 넘는다. 혼자 택시를 타면 20~25쿡쯤 내야 한다던데 덕분에 15쿡, 그러니까 1만 5천원을 아꼈다.

'과연 이런 행운이 계속될 수 있을까?'

가이드를 따라 갔더니 승용차 한 대가 주차돼 있었다. 밤이 어두워 정확히는 가늠이 안 됐지만 시퍼런 4인승 소형차였다. 문짝은 삐걱거리고 군데군데 칠이 벗겨져 있었다. 자리가 좁아 덩치 큰 포르투갈 형님이 조수석에, 그의 아내와 내가 뒷좌석에 구겨 탔다. 둘 사이에는 트렁크에 마저 싣지 못한 나의 캐리어 가방이 놓였다. 아무리 '테트리스'를 하듯 여러 방법으로 시도해 봐도 트렁크 안에 캐리어 세 통을 모두 쌓을 재간이 없던 탓이다.

그래도 나름 올드카잖아, 하는 속 편한 낙관은 그리 오래가지 못했다. 이곳은 쿠바, 너무 덥고 습했다. 다닥다닥 붙어 가던 좁은 차에는 에어컨도 없었다. 당장 창문을 열어야겠……. 헉, 이건 뭐지? 스위치가 있어야 할 자리에 길쭉한 레버만 달려 있었다. 어린 시절 어머니가 몰던 티코처럼 레버를 직접 돌려야 창문이 내려가는 차였다. 그것도 절반쯤 내려가다 턱, 하고 막혔다. 젠장!

창문을 내리니 특유의 악취가 금세 코를 찔렀다. 시골집에 가면 날 것 같은 꼬리꼬리한 된장 냄새……. 아니, 그것보다 좀 더 진했다. 여기에 휘발유가 타는 자동차 매연과 담배, 그리고 하수도와 음식물 쓰레기 냄새가 모두 섞

▲ 달리는 택시에서 차창 밖 도시의 풍경을 찍었는데 조수석에 앉은 포르투갈 형님이 함께 담겼다.

인 듯 했다. 공항에서 멀어질수록 흙 내음이 더해졌고 때때로 거름 냄새 비슷한 게 섞이는 것 같았다. 다만 희한하게도 쿠바의 악취가 그렇게 싫지만은 않았다. 이런 게 쿠바 스웩이 아닐까.

어쨌든 그렇게 한참을 달려 목적지인 카피톨리오 앞에 도착했을 땐 어느덧 새벽 2시가 넘어 있었다. 가로등이 켜진 곳이 별로 없어 주변이 캄캄했다. 이제 어떡하지?

똑똑, 거기 누구 없어요?

카피톨리오, 과거 의회로 쓰였다는 이 건물 앞에 내린 건 순전히 숙소를 찾기 위해서였다. 수도 아바나 중에서도 중심지인 이곳 센트로(Centro) 지역에 현지인들이 관광객을 상대로 운영하는 민박집, 이른바 까사(Casa)가 몰려 있기 때문이다. 하지만 너무 늦은 새벽이라 그런지 사람이 통 보이지 않았다. 택시까지 보내고 나니 덩그러니 혼자만 남았다. 아이고야! 허둥지둥 캐리어를 끌었다. 누가 봐도 관광객이고 짐까지 딸려 있으니(물론 그럴 리 없겠지만) 혹시라도 습격의 표적이 된다면 꼼짝 없이 당할 것 같았다. 그럼에도 '별 일이야 있겠냐'며 두려운 마음을 스스로 다독이는 것 말고는 달리 방도가 없었다.

하지만 더 큰 문제는 시간이 너무 늦었다는 점이었다. 이 늦은 새벽에 흔쾌히 문을 열어줄 곳이 있을까? 그것도 이방인 불청객에게. 요즘 같은 비수기엔 언제 와도 잘 곳은 있을 거라고, 직접 보고 골라도 좋다고 떠들었던

▲ 새벽 2시, 호아키나 까사 주변은 온통 캄캄했는데 반대편 카피톨리오만 조명을 선명하게 켠 채 뒷모습을 드러내고 있었다.

사람들 누구냐 진짜! 사전에 첫날 밤 숙소 정도는 확실히 알아보고 올 걸 후회스러웠다. 일단 한국 여행자들이 주로 찾는다는 3대 까사 중 가장 가까운 '호아키나' 까사를 방문해 보기로 했다.

"똑똑똑, 헬로우! 거기 누구 없나요?"

목소리를 점차 키워 봤지만 인기척을 전혀 느낄 수 없었다. 난감했다. 주위를 둘러봐도 적막만 감돌았다. '다른 곳을 알아봐야 하나. 막상 갔는데 거기도 이런 식이면 어떡하지?' 하며 우물쭈물하던 차에, 바닥에서 '팅' 하고 쇠붙이가 튕기는 소리가 들렸다. 누군가 열쇠 꾸러미를 던진 것이었다. 눈을 들어 2층 창문 쪽을 보니 흰 러닝셔츠를 입은 웬 후덕한 현지인 아저씨가 난간에 기대 서 있었다. 손등을 아래로 내린 채 손가락을 까딱까딱 접어 보였다. 만국공통 보디랭귀지. 안쪽으로 들어오라는 의미였다. 호아키나에선 원래 투숙객에게 이런 식으로 열쇠를 던져준다는 걸 미리 알고 있었지만 그래도 좀 당황스러웠다.

그렇게 캐리어를 낑낑거리며 들쳐 매고 2층으로 올라갔다. 혹시 이 새벽에 누가 깰 세라 현관문을 아주 조심히 열었다. 하지만 우려한 대로 '끼이익' 하는 소리가 복도를 울렸다. 이내 밖에서 봤던 관리인 아저씨가 나왔고, 옆에는 순박해 보이는 청년 셋이 나란히 서서 고개를 빼꼼히 내밀었다. 친근한 인상이었다.

"어, 한국 분이세요? 저희도요."

'뭐야, 이렇게나 빨리 한국인을 만날 수 있다고? 이러면 좀 시시해지겠는데…….'

이런 생각은 굳이 그들과 어울리진 말아야겠다는 결정으로 이어졌다. 하지만 그런 다짐이 무너지는 데는 1분도 채 걸리지 않았다. 방에 짐을 풀자마자 나도 모르게 그들이 모인 휴게실로 발길이 향했기 때문이다. 왜 그랬을까? 그들은 테이블 위에 쿠바 전통술 럼주를 한 병 올려놓고 한가하게 포커를 치고 있었다. 럼을 플라스틱 물컵에 따라 스트레이트로 마시고 있던 모양이었다. 병에는 럼주가 절반도 남지 않았다.

"나도 한 잔 마셔도 괜찮죠?"

성공. 자연스러웠다. 기자 생활 하면서 능청만 늘었다. 호구조사를 벌인 결과 세 청년은 모두 스물일곱 동갑내기로 나보다는 4살 어린 것으로 드러났다. 누구는 2년을 잡고 세계 일주 중, 누구는 7개월 남미 여행, 또 누구는 캐나다에서 워킹 홀리데이를 하다 잠깐 내려왔다고 한다. 멕시코 칸쿤 공항에서 우연히 만났고, 이때 금세 친해져서 지금까지 일주일 동안 함께 보냈다고 했다. 친밀해 보이던 그들은 놀랍게도 같이 온 일행이 아니었다.

그들의 이야기를 찬찬히 듣다가 왠지 모를 심술이 났다. 그렇게 가고 싶던 해외여행을 단 한 번도 갈 수 없던 나의 대학 시절과 대비된 까닭이다. 얼마나 대단한 '금수저'길래, 이렇게 멀리 오래 다닐 수 있는 걸까? 물론 그런 무식한 선입견을 걷어내는 데는 그리 오래 걸리지 않았다.
취기가 오르면서 서로의 유년 시절을 공유하게 된 덕이다. 한참을 '누가 더 힘들게 살았나.' 하는 '고생 배틀', '슬픔 배틀'을 벌였다. 누구는 찢어지게 가난해서 중학생 때부터 새벽이면 신문과 우유를 돌려야 했고, 누구는 몇 년 전 돌아가신 아버지를 생각하며 눈물을 흘렸다. 알고 보니 모두 고생깨나 하고 자랐다고 했다. 나랑 비슷한, 아니 어쩌면 나보다 좀 더 치열한 삶을 살아야 했던 이들이 애달팠고, 그래서 조금 더 궁금해졌다. 하지만 벌써 새벽 5시였다. 더 늦기 전에 자야 했다.

"형님 내일 점심 같이 먹어요."

"그래, 12시쯤 맞춰 올게. 나는 첫 날이니까 일찍 일어나서 주변 좀 둘러보려고."

혼자 있고 싶다더니 이 제안이 너무 고맙고 반갑게 느껴진 건 왜였을까. 곧이어 잠자리에 들었다. 침대가 푹신하지 않아 불편했지만 금세 눈이 감겼다.

- 2018년 6월 16일 출발 당일, 여행 1일차

사기꾼들아
내가 만만하니?

"체크아웃 시간 지났어. 하루 더 있을 거야?"

까사 관리인의 보채는 소리에 잠에서 깼다. 왜 이렇게 아침부터 요란인지 모르겠다. 체크아웃 시간이 됐다는 건 또 무슨 말인가. 나는 비몽사몽간에 왼손에 찬 손목시계를 살폈다. 짧은 바늘, 즉 시침이 오른쪽으로 60도쯤 기울어 있었다.

2시라는 건가? 자기 전에 시계를 봤을 때가 새벽 5시였으니 시간이 거꾸로 가지 않았다면 지금이 새벽 2시일 리는 없었다. 그렇다면, 헉, 망했다! 오후 2시였다. 역시 불길한 예감은 틀리는 법이 없다. 금방 일어날 수 있을 거라고 생각하고 알람을 맞추지 않은 게 실수였다. 시차 적응 때문이었을까? 비행기에서 그렇게 많이 잤는데 또 이렇게 잘 수가 있나? 어이가 없었다.

어젯밤 함께 했던 동생들과의 약속에는 2시간이나 늦었다. 헐레벌떡 휴게실로 나왔다. 역시 아무도 남아 있지 않았다. 연락이라도 하고 싶었지만 연락처도 받아놓지 않았었다. 아, 이제 어떡하지. 뇌가 정지된 것처럼 한참을 멍하니 서 있었다. 일단 급한 대로 숙박을 하루 연장해 관리인을 진정시킨 뒤 대충 씻고 밖으로 나왔다.

해는 이미 중천, 아니 그보다 조금 더 넘어가 있었다. 계획이 틀어지고 기껏 확보해 둔 조력자들마저 몽땅 잃게 된 게 모두 내 탓이라는 생각에, 스스로에게 짜증이 치밀었지만 일단 마음을 추스르기로 했다. 여긴 쿠바고 여행은 아직 많이 남았으니까. 그리고 애초부터 혼자 다닐 계획이었으니까. 그래, 인연이라면 또 만나겠거니 하고 다시 차근차근 내 길을 걷기로 했다. 첫 번째 목적지는 와이파이(wifi)존. 한국으로 생존 신고 메시지를 보내는 걸 우선순위로 했다. 일단 쿠바에 잘 도착했다는 소식부터 한국에 전해야겠다는 생각에 가이드북을 펼쳐 가장 가까운 와이파이 접속 장소를 찾아 발걸음을 옮겼다.

쿠바에는 아직 LTE나 3G 같은 무선 인터넷 망이 깔려 있지 않았다. 그나마 봉쇄가 조금씩 풀리면서 몇 년 전부터 '와이파이 공유기'라는 게 등장하기 시작했다지만 사용하기는 무척 까다롭다. 일단 공유기 설치를 정부가 엄격히 통제하는 까닭에 그 수가 손에 꼽힌다고 한다. 수도인 아바나 시내에도 몇몇 공원이나 호텔 로비 정도에만 있을 뿐이다. 게다가 와이파이 사용은 유료다. 에떽사(Etecsa)라는 회사에서 독점 공급하는 정액제 카드를

LA CASA
Cremeria
Arlequin

구입해야만 접속할 수 있다. 이 때문에 현대 여행자들에게 길이요 진리요 생명과도 같은 '구글 지도'는 이곳에선 무용지물이다. 대신 '맵스미(Maps.me)'라는 오프라인 지도 어플이 보통 쓰인다. 맵스미는 종이 지도를 스마트폰 화면에 옮겨놓은 듯한 모습인데 여기에 맛집이나 숙소, 와이파이 접속장소 등 특정한 장소를 마킹해 두면 여러모로 편하게 다닐 수 있다. 무선 인터넷이 없을 때 GPS 위치정보가 작동하므로 자신의 위치나 방위를 확인하는 데 유용하다. 다만 맵스미 안에서도 개별 국가의 지도를 별도로 다운로드 해야 하기에 여행 전에 미리 체크할 필요가 있다. 용량도 작지 않다.

맵스미를 이용해 찾아간 가장 가까운 와이파이존은 바로 '페 델 바예 공원(Parque Fe del Valle)'이었다. 이곳 사람들은 벤치에 다닥다닥 붙어 앉아 모두 고개를 푹 숙이고 있었다. 이들의 시선이 향한 곳은 각각의 스마트폰 화면이었다. 짧은 시간에 글자 하나라도 더 치려는지 바짝 집중하고 있는 모습이었다. 그 모습이 생소하다 못해 기괴하다는 생각까지 들었다. 나는 그들 중 한 명을 붙잡고 물었다.

> "인터넷 카드는 어디서 살 수 있나요? 에떽사라는 곳에서 판다던데 맞나요?"
> "저 사람한테 가보세요."

그는 건물 앞에 서 있는 덩치 큰 흑인을 가리켰다. 그런데 왜 하필 제일 무섭게 생긴 저 아저씨일까! 하지만 '별 일이야 있겠나' 생각하며 주춤주춤

다가갔다. 짧은 스페인어를 최대한 동원해 와이파이 카드 1장을 요구했다. 그리고는 지갑을 열었는데, 아뿔싸! 온통 캐나다 달러 밖에 없었다. 어제 공항에서 환전했던 쿠바 돈 40쿡을 이미 택시비와 이틀 치 숙박비로 모두 지불했다는 걸 그제야 기억했다. 초보 여행자의 진짜 고생은 그렇게 시작됐다.

"어쩌지? 나는 지금 캐나다 달러만 있는데."
"괜찮아, 내 친구를 불러올게."
"뭐라고? 그럴 필요는 없……."

걱정 말라던 그는 나를 건물 안쪽으로 안내한 뒤 환전 암거래상을 불러왔다. 덕분에 내 좌우에는 덩치 큰 흑인 2명이 각각 서게 됐다. 둘 다 키가 2m쯤 돼 보이고 팔뚝이 내 종아리만 했다. 여기서 좋은 환율로 거래할 수 없다는 건 주변을 감도는 분위기만 봐도 당장 알 수 있었다. 길게 말해봤자 그들에게 말려들기만 할 것 같았다. 이럴 땐 무조건 줄행랑이다.

"안 되겠어. 나는 가야 돼."
"어딜 가? 환전할 수 있다니까."

두 팔에 묵직한 힘이 느껴진다. 이놈들이 양쪽에서 붙잡은 것이다. 위험을 감지한 나는 필사적으로 팔을 비틀어 뺐다. 그리고는 빠른 걸음으로 자리를 피했고 곧 모퉁이를 돌았다. 그때 멀리서 알 수 없는 소리가 꽥하고 들려왔다. 의미를 알아들을 수 없었지만 분명 신경질적이었다. 한몫 챙길 수 있었는데 다 잡은 토끼를 놓쳤다고 생각했을까. 얘네 진짜 사기꾼들 아니야? 여러 생각이 스쳐갔고 당장에는 안도의 한숨이 나왔다.

돈부터 바꾸기 위해 맵스미 안내를 따라 가장 가까운 환전소(Cadeca)를 찾았다. 그렇게 30분쯤 갔을까. 잘 찾아왔나 싶었는데 이건 또 웬 일, 문이 닫혀 있었다. 그리고 그 앞에 20대쯤 돼 보이는 깡마른 현지인 남성이 나타났다.

"오늘은 전국에 있는 환전소가 모두 문을 닫습니다."

"그게 무슨 말이에요?"

"이 나라 국경일이거든요."

"네? 그럼 어떻게 해요?"

그는 자기가 직접 돈을 바꿔 주겠다고 했다. '그럼 그렇지, 결국 그 얘기를 하고 싶었던 거구나? 이거 봐. 또 장삿속이잖아. 이 사기꾼들아 내가 만만하니?' 슬슬 약이 올랐다. 손사래 치며 재빨리 자리를 옮겼다.

다음으로 가까운 환전소는 번화가로 알려진 '오비스포(Obispo) 거리'에 있었다. 이젠 정말 너무나 힘들었다. 찌는 듯한 무더위가 나를 짓눌렀고 배에선 꼬르륵 소리가 그치지 않았다. 택시를 타고 싶었지만 캐나다 달러로는 어림도 없을 것 같았다. 한참을 걸어 환전소에 도착했을 땐 벌써 오후 4시.

걷다 보니 한 시간이 훌쩍 지나 있었다. 초행길에 방향을 제대로 잡지 못하고 이리저리 헤맨 탓이었다.

그렇게 방문한 오비스포 환전소는 아주 그냥 활짝 열려 있었다. 국경일이라고, 그래서 몽땅 문을 닫는다는 말은 역시 거짓부렁이었다. 현관 앞에 서 있던 보안 담당자가 친절하게 문까지 열어 주더만 뭘. 교묘한 말장난에 속지 않고 여기까지 꿋꿋이 걸어온 스스로에게 뿌듯하고 대견한 마음이 들었다. '거 봐라. 내가 이래봬도 한국에서 사건기자 경력만 4년이라고. 척하면 척이라니까!'

관광지에서 이유 없는 호의는 없다던데, 사나운 맹수 같은 '선수'들이 득실대고 있었구나. 정신 바짝 차려야겠다.

살사 피칸테

'꼬르륵…….'

환전을 마치고 나오자 허기를 느꼈다. 기억을 더듬어 보니 어제 토론토 공항에 경유할 때 샌드위치 하나를 사 먹은 뒤로 끼니를 채우지 못한지 24시간이 넘었다.

근처에 있던 한 이탈리안 레스토랑에 무작정 들어섰다. 볼품도 없어 보이고 손님도 별로 없었지만 그런 걸 따질 형편이 못 됐다. 자리에 앉아 잠시 숨을 돌렸더니 주문했던 콜라와 페퍼로니 피자 한 판이 금세 나왔다. 목이 마르니 먼저 콜라부터. 코카콜라도 펩시도 아닌 건 오랜만이었다. 한 모금. 역시나 2% 부족한 맛이다. 달달하긴 했지만 어릴 때 마셨던 8 · 15나 콤비 콜라처럼 살짝 가볍고 입에서 겉도는 맛이 아쉬웠다.

▲ 오비스포 거리 한가운데 있던 이름 모를 피자 가게와 거기서 나온 페퍼로니 피자

압권은 피자였다. 위에 치즈가 덮인 상태로 그 모습을 얼핏얼핏 내비치던 시뻘건 소스는 한입에 실망을 안겼다. '뭐야 이거. 딸기잼이잖아?' 피자에 잼을 발라 놓다니, 환장할 노릇이었다. 도대체 이게 무슨 조화람. 이 맛도 아니고 저 맛도 아니고. 그동안 먹어 본 모든 피자 가운데 가히 최악이었다. 이 정도로 배가 고플 땐 웬만해선 뭘 먹어도 맛있을 텐데 이건 정말 너무했다. '핫소스 주세요'라는 스페인어 '데메 살사 피칸테'를 배워온 건 그나마 불행 중 다행이었다. 그게 아니었다면 분명 죄다 남겼을 게다.

시원하게 인터넷을 할 수 있던 건 그 이후였다. 멀지 않은 곳에 있던 파르케 호텔(Parque Hotel) 내 카페에서였다. 에어컨 빵빵하게 나오고, 등을 기댈 수 있도록 만들어진 푹신한 소파에 앉으니 세상을 다 가진 느낌이었다. 물론 이 와중에도 바가지를 썼다. 호텔 내 카페에서 1시간짜리 인터넷 카드를 5쿡, 그러니까 한국 돈 5천원에 산 것이다. 일반 카드 가격보다 5배나 비쌌지만 더 이상 헤매고 다닐 체력도 인내심도 없었다.

간단히 생존신고 연락을 돌린 뒤 틈틈이 찍은 사진을 몇 장 골라 인스타그램에 올렸다. 역시 빈티지한 건물 외관과 이국적인 올드카 사진이 첫 장을 장식했다. 댓글 여러 개가 금세 달렸다. 휴가니, 쿠바라니, 너무 예쁘다, 부럽다, 나는 언제 가볼 수 있을까……. 예상했던 반응이었지만 괜히 심술이 났다. '부럽긴 무슨……. 고생만 직살나게 하고 있고만.' 삶은 가까이서 보면 비극, 멀리서 보면 희극이라던데 지금이 딱 그 꼴이 아닌가 싶었다.

헤밍웨이 다이키리

남성 관사를 붙이면 엘 플로리디타(El Floridita). 여성 관사를 붙이면 라 플로리디타(La Floridita). 쿠바 여행 가이드북이나 블로그에서 모두 첫 일정으로 추천하는 곳이다. 이곳은 오비스포 거리 초입에 있는 칵테일 바인데, 단골손님 한 명 덕분에 유명세를 탔다. 매일 같이 한 편에 죽치고 앉아 '다이키리'라는 칵테일을 마셨다는 미국의 소설가. 바로 《노인과 바다》로 노벨문학상과 퓰리처상을 받은 어니스트 헤밍웨이다. 간결하고 거친 남성적 문체로 전 세계를 사로잡았던 그는 말년을 이곳에서 보냈다고 한다. 60년 전 작고한 그를 만나기 위해 오늘도 수많은 여행객이 이곳을 찾는다. 유명한 관광지가 된 지금은 쿠바 정부에서 직영으로 운영하고 있다. 때문에 언제 가도 빈자리를 찾기 어려웠다.

나 역시 이곳을 첫 목적지로 찜했었다. 이래저래 꼬이면서 좀 늦어졌지만,

◀ 엘 플로리디타 안에 있는 헤밍웨이 동상 ▶ 칵테일을 만드는 모습

빠뜨리면 서운할까 싶어 가장 먼저 들렀다. 내부는 역시 만석이었다. 비좁은 가게에 어찌나 많은 사람이 들어차 있는지 자리를 잡기가 여간 어려운 게 아니었다. 일단 선 채로 주문한 뒤 다행히 틈새 자리를 찾아 앉았다. 여럿이 왔다면 서서 마실 수도 있겠지만 혼자서는 별로 적당해 보이지 않았다. 얼마 후 나온 다이키리는 그 명성만큼이나 꿀맛이었다. 럼에 설탕, 레몬즙 등을 넣었다던데 적당히 달고 적당히 톡 쏘는 맛이었다. 레시피를 배워가고 싶을 정도였다. 현지 물가치곤 비싼 편이지만 한 잔에 6쿡, 한국 돈으로는 6천 원 정도여서 적어도 돈이 아깝다는 생각은 들지 않았다.

별안간 음악이 들려왔다. 출입구 바로 앞에 선 6인조 밴드가 라이브 음악을 뽐내기 시작한 것이다. 베이스와 퍼커션이 전체적인 구성을 잡았고 그 위에 바이올린 연주가 합쳐지며 고막에 착착 감겨 왔다. 바 안에 있던 손님들은 어느새 음악회 관객이 됐다. 다들 어깨춤을 추고 있었고, 입가엔 옅은 미소가 번졌다. 낯선 풍경이었지만 한가운데 혼자 무게 잡고 뻣뻣하게 앉아 있기도 민망한 상황이었다. 결국 테이블 앞에 놓인 세 번째 다이키리 잔을 비워낸 뒤 어깨를 슬쩍 튕기려는데……. 때마침 몸을 거칠게 흔들며 장내로 들어오는 남녀 7~8명이 눈에 들어왔다. 그들은 눈에 띄게 큰 체격으로 주저함 없이 당당히 걸어왔다. 국적은 모르겠으나 모두가 노란색 국가대표 축구팀 옷을 걸치고 있는 걸 보면 남미 청년들이 아닌가 싶었다. 주위의 시선을 한 몸에 받았고, 그걸 즐긴다는 듯 여유 있는 제스처로 화답했다. 그랬더니 환호성은 더 커졌다. '인싸'라는 요즘 표현이 잘 어울리는 모습이었다. 그들이 조금은 부러웠다.

갑자기 내가 왜 울적해지는 걸까. 그들에 비교하니 내 모습이 너무 '쭈구리' 같이 느껴진 탓이었을까? 홀로 앉아 주변 눈치나 보고 있는 앳된 동양인, 어색하고 어설퍼 보일 것 같았다. 안 그래도 오늘 내내 땀을 뻘뻘 흘려서 온몸이 꾀죄죄할 텐데 안쓰럽게 느끼지는 않을까. 물론 나도 알고 있다. '이거 그냥 자격지심이잖아.' 알면서도 자꾸 소심한 생각이 끊이지 않았다. 그냥 여기 더 버티고 앉아 있기가 싫어졌다. 누구라도 내 편이 하나 있었다면 조금 나았을 텐데. 젠장, 나가야겠다.

다시 오비스포 거리. 아까 왔던 길과 반대 방향으로 걸었다. 시간이 많이 늦었지만 원래 첫날 가고자 했던 코스를 하나씩 밟았다. 피자집과 환전소를 거쳐 차례로 들른 곳은 아르마스 광장, 대성당 광장, 그리고 혁명 박물

▲ 대성당 광장

▼ 아르마스 광장 가운데 자리한 쿠바 독립 영웅 카를로스 마누엘 데 세스페데스 동상

관. 모두 스페인 침략의 가슴 아픈 역사와 쿠바 본연의 문화가 어떻게 어우러졌는지 알려주는 금쪽같은 건축물이었다. 하나하나 자세히 살펴보고 싶었지만 같은 건물을 혼자 계속 쳐다보기만 하니 지겹고 재미없었다. 인터넷이 터지면 검색이라도 해볼 텐데 답답할 노릇이었다.

문득 혼자인 게 싫어졌다. 여기서 나 혼자만 동양인인 것 같고 외로웠다. 햇볕은 또 얼마나 강한지, 정수리가 타들어갈 것만 같았다. 도대체 내가 왜 이 멀리까지 왔을까? 기껏 여름 휴가를 받아놓고 왜 이렇게 사서 고생일까? 이런 식이라면 차라리 집으로 돌아가고 싶었다. 아니, 경찰청 기자실로 돌아가서 하루 종일 기사 쓰는 게 이보다 편하고 좋을 것 같았다. 적어도 그곳은 시원하기라도 하니까. 이처럼 비관적인 생각이 잦아들지 않자, 나는 결국 상황 반전용 필살 카드를 꺼내들었다. 같이 다닐 다른 한국인을 찾기로 한 것이다. 나름 호기롭게 마음에 그렸던 혼자서 여유를 즐기겠다는 '고독할 자유'를 잠시 내려놓기로 한 것이다. 음……. 까사로 돌아가면 혹시 새벽에 만났던 동생들이 그 사이에 돌아와 있을 지도 몰랐다.

돌아가는 길엔 가방에 있던 고프로 카메라를 꺼내 눈에 보이는 것들을 닥치는 대로 찍어 댔다. 영상에는 방파제 위에서 낚시하는 청년들, 공놀이 하다 아크로바틱 묘기로 재롱을 떠는 꼬마, 호세 마르티 공원의 선명한 쿠바 국기와 올드카의 향연, 거리 음악가들의 살사 리듬이 모두 담겼다. 하지만 그땐 미처 몰랐다. 사진에 찍힌 아바나의 모습이 얼마나 아름다울지.

헤밍웨이
다이키리

QR코드 스캔 애플리케이션을 이용하면 현장에서 생생하게 촬영한 영상을 언제 어디서나 시청할 수 있다. 스마트폰에서 QR코드 리더, QR코드 스캐너 등의 앱을 열거나 네이버 앱 안에서 카메라 버튼을 누른 뒤 사각 프레임 안에 QR코드를 맞춰 보자. 그러면 곧바로 유튜브 페이지로 연결, 관련 동영상이 나올 것이다. 재생 버튼을 누르면 영상을 감상할 수 있다.

창용아 창용아

"나이가 몇 살이에요?"

호아키나 까사에 들어오자마자 낯익은 한국어가 들려왔다. 발원지는 휴게실 안쪽으로 추정됐다. 가까이 다가가니 한국인 여행자를 발견할 수 있었다. 새벽에 봤던 동생들은 아니었다. 그는 20~30대로 추정되는 남성으로 옆에 있던 일본인에게 한국말을 가르쳐주고 있는 모양이었다. 나는 그들에게 쭈뼛쭈뼛 다가가 말을 걸었다.

"저기, 혹시 한국 분이신가요?"

"네. 안녕하세요. 한국에서 왔어요. 반갑습니다."

스물여덟 청년 김달욱은 캐나다 워킹홀리데이를 마치고 최근 중남미를 여행 중, 옆에 있던 앳된 일본인 타쿠무는 쿠바 유학중이라고 했다.

"유학이라고? 쿠바에서요?"

"네. 신기하죠. 저도 똑같이 물어봤는데요. 타쿠무는 여기서 스페인어랑 복싱을 배운대요."

"오우, 복싱? 여기가 또 복싱이 유명하군요."

그리고선 나는 수많은 말을 쏟아냈다. 누가 묻지도 않았는데 오늘 하루 내게 벌어졌던 일들을 이들에게 쉴 새 없이 퍼부었다. 오랜만에 동양인, 그것도 한국인을 만난 덕일까. 방언이 터진 듯 했다. 이런 내가 안쓰러웠는지 달욱은 함께 말레콘 방파제를 가자고 제안했다.

'고맙다 달욱아. 외롭고 심심했던 날 네가 구제하는 구나.'

일단 의지할 누군가가 생겼다는 생각에 마음이 많이 놓였다. 얼마 뒤 방에 있던 또 다른 일본인 여행자, 히로까지 합류했다. 앳돼 보이지만 나랑 동갑, 서른하나라고 했다. 무초 구스토! 반갑다는 인사말이 절로 나왔다. 그렇게 넷이 집을 나섰다.

"창용아, 창용아!"

"창용, 창용상!"

▲ 해가 질 무렵 말레콘에 모여든 사람들, 그리고 석양

호아키나 까사에서 출발한지 5분. 느닷없이 걸음을 멈춰선 달욱이 두 손을 입에 모아 대고 이렇게 외치기 시작했다. 타쿠무도 이어서 함께. 여기가 요반나 까사 앞이라고 했다. 이곳은 호아키나와 더불어 한국인이 많이 찾는 3대 까사 중 하나다. 오늘 말레콘에 동행하기로 했던 다른 한국인, 창용이란 친구가 여기서 묵는다고 했다. 시간이 됐는데도 연락이 닿지 않자 혹시나 싶어 2층 창문에다 육성으로 소리를 지른 것이다. 그래도 그렇지, 이건 너무 원시적이잖아. 생각해 보니 어디서 많이 보던 그림이다. 그래 맞다. 어린 시절 휴대전화고 뭐고 없을 때 친구를 부르던 방식이었다. 인터넷이 안 되니까 자연스레 우리도 옛날, 지금보다 훨씬 순수했던 시절로 돌아간 것이다. 예상치 못한 상황이지만 지금 이 순간이 너무 좋았다. 피식, 어느덧 입꼬리도 슬쩍 올라가 있었다. 이런 게 '시간 여행'일까? 허파에 바람 든 사람처럼 자꾸 웃음이 나왔다. 덕분에 하루 종일 스스로를 붙잡고 있던 긴장이 이제야 좀 풀렸다. 에라이 모르겠다. 나도 같이 소리쳐 보자. 창용아, 창용아. 얼굴 한 번 본 적 없지만 자꾸 부르다 보니 정감이 갔고 보고 싶어졌다. 아쉽지만 끝내 답은 없었고 우린 맥주 한 캔씩 사들고 가던 길을 계속 걸었다.

창용을 진짜로 만나게 된 건 말레콘에서였다. 방파제 너머 다홍도 아니고 분홍도 아닌 오묘한 빛의 노을을 바라보며 나는 새로운 것에 대한 설렘을, 달욱은 작별의 아쉬움을 말하고 있을 때였다.

“달욱아!!! 하하하 달욱아!!!”

멀리서 주접을 떨며 달려오는 청년, 처음 봤지만 저 녀석이 창용임을 직감할 수 있었다. 창용과 달욱은 서로를 끌어안았다. 워낙 돈독해 보여서 원래 한국에서부터 알고 지낸 친한 친구 사이가 아닌가 싶었지만, 사실 이들은 여기서 처음 만났다고 했다. 뉴욕발 쿠바행 비행기에서 처음 만나 2주간 몽땅 함께 보냈다고 했다. 내내 혼자 있었어서 그런지 괜히 그들이 부러워졌다.

창용의 뒤에는 한국인 여행자 몇 명이 함께 서 있었다. 요반나 까사에서 만나 오늘 하루 함께 다닌 멤버들이라고 했다. 장난기 넘치게 생긴 20대 남녀, 그리고 중년 여성이었다. 아니 잠깐, 뭐라고? 아바나 말레콘을 혼자 찾은 중년 여성이라니 이렇게 생경한 그림이 또 있을까. ‘이 먼 땅에 혼자 오신 건가? 무슨 일로 오신 거지?’ 머릿속에 끊이지 않는 질문들을 뒤로 하고, 일단 저녁을 먹기로 했다. 여기 있는 이들과 모두 함께.

말레콘에 소매치기라니

아차, 타쿠무와 히로를 잊을 뻔했다. 가만 보자. 어디 있나. 그들은 저만치 뒤쪽, 방파제에 걸터앉아 있었다. 그런데 옆에는 낯선 동양인 한 명이 같이 있었다. 가까이 다가가 보니 30대쯤 돼 보이는 건장한, 눈코입이 부리부리하게 생긴 한 일본인 청년이었다. 한국인들이 무리지어 있는 동안 이 일본인 셋도 자기들끼리 자지러지며 웃고 떠들고 있던 것이다.
우리는 이들 세 명에게 다가가, 모두 함께 밥을 먹자고 제안했다. 히로는 콜. 타쿠무는 밥을 먹고 나왔다며 먼저 들어가 쉬겠다고 했다. 충격적이었던 건 함께 있던 일본인 청년의 대답이었다.

"저는 누군가를 기다리고 있습니다."
"일행이요? 아니면 친구? 그럼 기다렸다 같이 먹으러 가시죠."
"그런 게 아니고……. 소매치기를 당했거든요."

▲ 갈리카페에 나온 여러 종류의 랑고스타. 왼쪽은 버터와 함께 통으로, 오른쪽은 마늘과 함께 구웠다고 한다.

그는 며칠 전 이곳에서 스마트폰 날치기를 당했다고 했다. 당시 곧바로 주변에 있던 경찰관에게 알렸지만 그저 콧방귀만 꼈다며, 본인이 직접 잡아야겠다고 생각해서 이렇게 나왔다고 했다. 며칠째 같은 시간에 방파제를 순찰하고 있고, 지금도 그를 기다리느라 밥 먹을 시간이 없다고 말했다. 무모하지만 대단한 이 일본인 청년과는 여기서 헤어지게 됐다. '같은 동양인으로서 날치기범 잡는 일을 도와야 하지 않을까' 하는 생각도 들었지만 마냥 기다린다고 해도 뾰족한 수가 있는 건 아니었다. 짧은 여행길. 솔직히 말하면 시간을 그렇게 허비하고 싶지 않았다. 미안하지만 안녕. 아니 그건 그렇고 이 나라, 공산주의라서 치안은 문제없다고 들었는데 날치기라니 좀 당황스러웠다. 남은 일정 정신 바짝 차리고 다녀야겠다고 생각했다.

우리가 찾은 곳은 '갈리카페'라는 이름의 식당이었다. 언젠가 국내 방송을 타면서 한국 여행객들에게 맛집으로 유명해졌다고 했다. 이곳에 우리는 두 테이블로 나뉘어 둘러앉았다. 그제야 서로의 신상을 물을 수 있었다. 꺼벙해 보이는 스물넷 김재명은 대학생, 당찬 스물여덟 이수정은 미국 유학 중인 연극배우라고 했다. 가장 궁금했던 중년 여성의 이름은 순희였다. 나이는 짐작했던 대로 쉰여섯. 정확한 직업은 모르겠지만 폴리코사놀이라는 약을 대량으로 구입한다는, 조금은 독특한 이유로 쿠바에 왔다고 했다.

우리는 두런두런 앉아 피자와 밥, 그리고 랑고스타(랍스터)를 시켜 먹었다. 종류별로 시킨 랑고스타 중에서는 마늘과 함께 구운 것에 손이 자주 갔다. 삭힌 홍어처럼 싸한 맛이 났는데 역하지 않고 담백했다. 밤까지 계속 혼자 있었다면 또 맛없는 피자나 씹어 먹지 않았을까 싶었다. 이렇게 맛있는 음식을 골고루 먹을 수 있게 된 건 전적으로 한국인 여행자들과 함께했던 덕이었다. 으쌰! 정말 감사한 순간이었다.

여우와 까마귀

〈여우와 까마귀(LA ZORRA Y EL CUERVO)〉는 허영심에 빠져 여우에게 먹이를 뺏긴 어리석은 까마귀를 풍자하는 설화다. 《이솝 우화》에 연원이 있을 것으로 추정되며 '고기 놓친 까마귀'로 불리기도 한다. 아바나에서 가장 잘 나가는 재즈 클럽은 이 설화의 이름을 차용했다. 센트로 서쪽, 베다도 지역에 있는데 이름만큼이나 독특한 입구를 갖고 있었다. 지하 공연장으로 내려가기 위해서는 시뻘건 영국식 공중전화 부스를 통과해야 했다.

공연을 보려던 우리도 예외는 아니었다. 그런데 선두가 입구에 막 다다랐을 때 어쩐 일인지 그쪽에서 큰 소리가 났다. 무언가에 항의하는 듯 높은 음역대의 고성, 웅성웅성 대며 몰려가는 사람들……. 누군가 다투고 있다는 걸 금세 직감할 수 있었다. 뒤쪽에서 천천히 따라가던 나는 다급히 앞쪽으로 추월해 나갔다.

클럽의 입구는 클럽 가드가 막아서고 있었다. 키가 2m쯤 돼 보이는 덩치 큰 흑인이었다. 누군가 그와 대적하고 있는데 살펴보니 헉, 순희 선생님이었다. 스페인어를 가장 잘한다는 이유로 우리를 이끌고 앞서가던 그였다. 두 팔을 번쩍 들어 올려가며 거세게 항의하는 그의 모습이 보였다. 높이로 보나 무게로 보나 얼굴 크기까지 두 배는 커 보이던 가드에게 아주 당돌하게 달려들고 있었다. 무슨 일이 있었던 것일까! 순간 인종 차별을 직감했다. 왜소하고 눈 찢어진 동양인이라고 입장을 거부당한 것 아니었을까?

"뽀르께 노!"

순희 선생님은 조금도 물러서지 않았다. 더 이상 안 되겠다. 이러다 초상 치르겠다 싶어 둘 사이를 가로막았다. 그런데 웬 일. 단단히 정색하던 가드의 표정이 갑자기 풀어졌다. 그리고는 상냥한 표정과 말투로, 우리를 전화 부스 안쪽으로 안내했다. 터널처럼 어두운 입구로 들어가며 나는 순희 선생님에게 물었다.

"도대체 무슨 상황이었던 거예요?"
"아니 그냥 장난친 거야. 하하하."
"장난이라고요? 험악해 보였는데?"
"쟤가 나한테 '안 돼(No)' 하길래 '왜 안돼(Porqué no)?'라고 한 거야."

악감정이 있던 건 아니고 인종 차별은 더더욱 아니었단다. 쿠바를 포함한 중남미 사람들에게 이런 얄궂은 장난이 일상이라는 건 그제야 듣고 알게 됐다. 하…. 아무래도 이 분, 범상치 않았다.

클럽은 이미 공연이 한창이었다. 뒤쪽 귀퉁이에 자리를 잡았다. 기본으로 칵테일 두 잔이 주어지는데 첫 잔은 7명 모두 모히토로 통일했다. '모히토 가서 몰디브나 한 잔' 하자는 영화 〈내부자들〉의 명대사 이후 모히토 하면 몰디브가 연상되곤 하지만 사실 쿠바가 원조다. 모히토는 칵테일 잔에 민트 잎을 살짝 찢거나 찧어 넣고 럼 계통인 럼 스매시에 레몬이나 라임주스를 부어 만든다. 첫맛은 달고 끝맛은 쌉쌀한데 전체적으로는 산뜻한 느낌이다. 럼 자체가 워낙 도수가 높다 보니 넋 놓고 마시다 보면 금세 취한다. 앉은뱅이 술이라고 할 수 있겠다.

음악은 찐득찐득한 R&B풍이었다. 잘게 쪼개진 리듬이 단번에 심혈관을 수축시켜 피가 솟는 느낌을 선사했다. 무대에 선 흑인 여성은 흰색 바탕에 붉은 꽃 수십 송이가 곳곳에 그려진 화려한 미니스커트를 입고 있었는데, 그가 간드러지는 목소리로 노래하자 관객들은 한마음으로 노래에 빠져들었다. 그는 양손으로 스탠딩 마이크를 감싸 쥐었다 또 금세 두 팔을 벌렸다 하며 시선을 강탈했다.

밴드는 완전 짬뽕이었다. 드럼 · 기타 등 현대 음악 구성에 플루트 · 색소폰과 같은 클래식 관현악기, 여기에 콩가 · 마라카스 등 전통 타악기까지 어우러졌다. 그러면서 신기하게도 어느 하나 겹치거나 비는 부분 없이 조화로운 화음을 내고 있었다. 어쩌면 쿠바라는 나라를 은유하는 게 아닌가 싶었다. 이런 음악을 '아프로 쿠반 재즈(Afro-Cuban Jazz)'라고 부른다고 했다. 한껏 달아오른 흥은 공연이 끝나고 클럽 밖으로 나와서도 쉬이 그쳐지지 않았다. 우리는 들뜬 마음을 좀 진정시킬 겸 숙소까지 걷기로 했다. 갈 때는 택시로 15분 걸렸던 거리였는데, 걷다 보니 1시간이나 걸렸다. 그렇게 호아키나 까사에 도착해 잠자리에 누웠다. 새벽 3시, 하루가 참 길었다.

- 2018년 6월 17일 여행 2일차

인터루드

쿠바의 음악, 아프로 쿠반(Afro-Cuban)

지난 1995년 미국의 영화음악감독 라이 쿠더는 쿠바를 찾아 전설적인 쿠바 음악가들을 모았다. 이들은 1950년대 후반 카스트로 정권이 들어선 뒤 사회주의 이념을 담은 포크송이 주류를 이루면서 역사의 뒤안길로 사라졌던 노인 연주자들이었다. 쿠더는 뿔뿔이 흩어져 있던 이들을 찾아내 허름한 스튜디오에서 엿새 만에 라이브로 앨범을 녹음했다. 밴드의 이름은 이들이 전성기 때 연주했던 '부에나 비스타 소셜 클럽'을 따다 붙였다.

부에나 비스타 소셜 클럽의 앨범은 전 세계에서 600만 장 이상 팔리는 등 폭발적인 사랑을 받았다. 그리고 그 덕분에 세계인은 쿠바 음악에 관심을 갖게 됐다. 지금도 쿠바에선 관광객이 지날 만한 길목마다 비슷한 스타일의 라이브 음악이 울려 퍼지고 있다. 헤밍웨이 술집 '라 플로리디타'나 오비스포 거리 곳곳에서 이런 음악은 어렵지 않게 마주할 수 있었다.

그러나 쿠바에 이 한 가지 음악만 있다고 생각하면 오산이다. 살사는 물론이고 재즈나 포크를 비롯해 다양한 음악이 넘쳐나기 때문이다. 특히 독특한 현지 악기 콩가와 마라카스를 중심으로 내는 다양한 리듬이 인상적이다. 유럽에서 건너온 클래식 악기나 전자악기가 섞일 때면 생전 들어본 적 없는 오묘한 협연이 이뤄지기도 한다. 무엇보다 그 안에서는 음악을 향한 순수한 열정을 느낄 수 있다.

그 열정에 한 발짝 더 다가가고 싶다면 트리니다드에서 직접 타악기를 배

▲ 트리니다드에서 직접 타악기를 배울 당시 강사와 함께 찍은 사진

워 보길 추천한다. 까사 주인에게 말하면 1시간 당 10쿡에, 쉽게 배울 수 있는 곳을 소개해 줄 것이다. 무릎 사이에 콩가를 끼고 손바닥으로 북피를 두드리다 보면 마음 속 깊이 묵혀 있던 스트레스가 싹 날아간다. 쿠바 전통곡 '관타나메라' 속에서 퉁/퉁/딱/퉁/딱/퉁/퉁 하는 '툼바우' 리듬을 발견할 수 있다는 건 덤이다.

· 영상으로 보기

또 불량 카드, 너무하잖아!

허리가 배겼다. 잠자리를 별로 가리지 않는 편인데도 이곳 호아키나 까사 침대 매트리스는 자는 내내 신경 쓰였다. 매트리스는 탄력이 없다 못해 거의 땅바닥에 누운 수준이었고 왼쪽 엉덩이가 닿는 쪽은 도대체 뭐가 있는지 벽돌처럼 딱딱했다. 묵었던 방에는 에어컨이 없어 덥고 습하기까지 했다. 이것이 늦잠을 잤던 어제와 달리 오늘은 밤새 잠을 잘 이루지 못했던 이유다. 사이에 칸막이가 쳐지긴 했지만 같은 방에서 관리인 부부와 같이 지내야 했기 때문에 밤늦게 조명을 켜기도 어려웠다. 옆자리를 쓰는 달욱과 잠시 떠들기도 눈치가 보였다.

무엇보다 끔찍한 건 화장실이었다. 샤워기 수압이 낮고 온수가 미지근했던 건 그나마 이해할 수 있었다. 하루 10쿡인데 뭐, 여행지에서 이 정도는 감수해야지 싶었다. 하지만 이곳의 변기는 도저히 견딜 수 없는 수준이었다. 수세식 양변기였는데 어딘가 허전했다. 세라믹으로 된 원통형 좌변기 위에 플라스틱 덮개는 물론 엉덩이를 붙일 깔판까지 빠져 있었다. 부러진 걸까. 첫 날부터 그랬는데 여태껏 수리되지 않고 있었다.
답답했다. 그렇다고 세라믹 원통 위에 맞바로 앉을 순 없는 노릇이었다. 뭔가 자존심이 상할 것 같을뿐더러 청결할 리도 만무해 보였다. 이 변기는 얼굴도 모르는 외국인들, 이곳 투숙객 전원이 쓰고 있을 것이다. 세라믹에 무언가 튀지는 않았을까, 하는 찝찝한 상상을 끊어 낼 수가 없었다. 결국 큰 볼일은 참아야 했다. 어제 새벽 도착한 뒤로 내내 일을 보지 못한 터라 아랫배가 더부룩했지만 어쩔 수 없었다. 그러다 이건 도저히 아니다 싶어서 결국 아침 일찍 바리바리 짐을 쌌다. 에이, 요반나 까사로 옮기자.

요반나는 창용이 머무는 곳이니 '여기선 좀 덜 외롭지 않을까?' 싶은 생각도 있었다. 우선 관리인이 건넨 인사부터가 전과 달리 참 따뜻했다. 아리아나라고 하는 푸근한 인상의 현지인이었다. 그는 금세 까사 1층 로비, 휴게실을 겸하는 곳에 조식을 차려왔다. 빵, 달걀 프라이, 망고, 그리고 따뜻한 커피와 차가 놓였다. 쿠바의 까사에서는 이런 식으로 간단한 아침밥을 차려준다. 스페인어로는 데사유노. 이곳 요반나 까사에서는 아침밥에 추가 요금을 받지 않았다.
빵에 잼을 발라 한 입 베어 물었다. 뻣뻣하고 시큼했지만 그래도 먹을 만했다. 그때 위층에서 창용이 내려왔다. 차림새를 보니 어디로 나가려는 것 같았다.

"창용아 형 왔다."

▲ 호아키나 까사 발코니에서 바라본 아바나의 모습

"와 반가워요 형, 너무 좋아요."

"근데 아침 일찍 어디 나가니?"

"리포트를 오늘까지 제출해야 하거든요. 근처 호텔로 와이파이 하러 가요."

먹던 빵을 내려놓고 곧장 따라 나섰다. 빵보다 인터넷이 더 고팠기 때문이다. 마지막으로 인터넷에 접속한 게 어제 오후 파르케 호텔에서였으니, 한나절 동안이나 소식이 끊어진 상태로 지내고 있었다. 주머니 속 스마트폰을 시도 때도 없이 꺼내 메신저나 뉴스 속보를 체크하는 직업병을 갖고 있던 나로서는 불안하고 답답할 노릇이었다.

"형, 저는 5시간짜리 와이파이 카드를 살 거예요."

5시간 카드는 한 장에 5쿡이란다. 잠깐, 내가 어제 파르케 호텔에서 산 카드는 1시간짜리가 5쿡이었는데? 대충 예상은 했지만 제대로 바가지 쓴 사실을 비로소 확인할 수 있었다. 파르케 호텔은 인터넷을 즐기기에 최고의 환경이었던 만큼 가격도 제일 비쌌던 것이었다. 그것과 비교하면 창용이 산다는 5시간짜리 카드는 같은 가격에 5배나 많은 시간 동안 와이파이에 접속할 수 있으니 나름 합리적인 편이었다. 그래서 나 역시 5시간짜리 카드를 사기로 했다. 다른 장소에서도 쓸 수 있다고 하니 쿠바 기준으로 그렇게 빛지는 장사는 아니겠다.
우리는 파르케 호텔 바로 옆에 있는 플라자 호텔(Plaza Hotel)로 향했다. 이곳은 비교적 허름했고 에어컨도 약한 곳이었다. 리포트 제출이 급하다는 창용을 로비에 앉힌 뒤 혼자서 와이파이 카드를 파는 전용 데스크 앞에 홀로 섰다. '오늘은 제대로 살 수 있겠지?'

"씽코 오라, 도스 카드, 포르 파보르(5시간, 카드 두 장, 부탁합니다)."

성공일까? 직원에게 10쿡을 내고 2장의 카드를 받았다. '그런데 잠깐, 어제 샀던 1시간짜리 카드와 너무 비슷하게 생겼는데……. 혹시 내 말을 잘못 알아들은 건 아니겠지?' 천천히 걸어 나오는 길에 창구가 있는 쪽을 힐끗 돌아봤다. 직원은 태연히 다음 손님을 받고 있었다. '그래. 이상이 있었다면 나를 불러 세웠겠지. 1시간이나 5시간이나 외관은 똑같이 생겼나 보다'라고 대수롭지 않게 넘겼다.

"창용아 여기, 카드 사왔어."

"형, 이건 1시간짜리인데요?"

카드를 건네받은 그의 표정에 웃음기가 싹 사라졌다. 자초지종을 설명했더니 이번엔 창용이 직접 나섰다. 다시 창구 앞으로 가서 따지기 시작했다. 그 역시 서툴었지만 나보단 훨씬 나았다. 우리 창용이 잘한다! 그런데 돌아온 대답에 말문이 막혔다.

"거스름돈을 받아가지 않은 건 너잖아."

틀린 말은 아니었다. 창구 직원은 우리가 한심하다는 듯 위아래로 훑어본 뒤 카드를 바꿔줬다. 이번엔 '5시간(5 hora)'이라고 똑바로 적혀 있었다. 하기야 우리가 또 이렇게 그냥 넘어갔다면 저 직원은 8쿡을 슬쩍 할 수 있었을 거다. 쿠바에서는 의사의 한 달 월급이 30쿡이라고 하니 쏠쏠한 수익이 됐을 테다. 언젠가 전해 들었던 우스갯소리가 떠올랐다. 한 로마 여행자가 자신의 지갑을 훔친 소매치기를 추격 끝에 붙잡고 그와 나눴다는 대화다.

"도대체 왜 훔쳤습니까?"

"이건 나의 직업이거든요."

황당하지만 지금이 딱 그 꼴이었다. 남의 돈 삥땅치면서 죄책감이나 윤리의식 따위는 찾아보기 어려웠다. 에라이 도둑놈들! 창용은 그에게서 기어이 카드를 새로 받아왔다.

어디 보자. 전면에 스크래치를 벗겨내면 비밀번호가 적혀 있겠지. 쿠바에서 와이파이에 접속하려면 특정한 사이트에 접속한 뒤 이 카드에 적힌 아이디와 비밀번호를 입력해야 했다. 그때부터 지정된 시간까지 인터넷을 쓸 수 있다. 동전을 꺼내 스크래치 가장자리 부분을 살짝 긁었다. 그런데 웬일, 별로 세게 긁지도 않았는데 카드 뒷면 종이까지 찢어졌다. 스크래치 안에 적혀 있는 비밀번호는 알아볼 수 없게 됐다. 창용이 긁던 카드도 마찬가지였다. 우리는 또 다시 직원에게 갔다. 한참 약이 오른 채로 조금은 짜증을 냈다. 이번에도 황당한 답이 돌아왔다.

"그러니까 내가 조심히 긁으라고 했잖아."

이번엔 과실이 우리에게 있다는 이유로 카드 교체도 거절했다. 우리는 결국 두 손 두 발 다 들 수밖에 없었다. 그렇게 돈을 또 내고 새 카드를 구입했다. 돌아오는 내내 불평이 가득했던 이유다.

고속도로 갓길에서 대수술

요반나로 돌아온 건 오전 9시쯤. 창용과 나, 그리고 수정과 순희 선생님까지 모두 4명이 모였다. 오늘은 어디서 무얼 할까 고민하다 비날레스행 택시 투어를 함께 하기로 했다.

비날레스는 빼어난 자연 경관을 자랑하는 유명 관광지이지만 바라데로나 트리니다드로 가는 길과는 반대편에 있어 아쉽지만 포기하려 했던 곳이다. 그런 상황에서 택시 투어는 각자 1~2주의 짧은 일정으로 쿠바를 찾은 우리 모두에게 좋은 선택지였다. 까사 관리인 아리아나에게 말했더니, 투어 기사를 불러줬다. 우리는 넷이서 130쿡을 모아 내기로 했다.

30분 만에 시뻘건 올드카가 도착했다. 허름하고 조잡한 골목 한복판에 섰다. 옛날 영화에서나 볼 수 있는 느낌의 오래된 세단이었다. 계기판은 아날로그 방식이었고 시동도 쉬이 걸리지 않았다. 창문은 첫날 공항에서 탔던 가이드의 차와 마찬가지로 수동으로 돌려야 했고, 역시 중간에 턱 하고 막

혔다. 조수석 앞쪽 서랍은 종종 덜컹 하고 열렸으며 그 안에는 음악을 켜는 음향 장비가 따로 설치돼 있었다. 그나마 다행이었던 건 차량 내부가 깨끗하고 넓었다는 점이었다. 넷 중 가장 덩치가 큰 내가 조수석에 탔고 나머지 셋은 뒷좌석에 나란히 앉았다. 차안은 에어컨을 켰더니 금세 시원해졌다. 그래, 이거면 됐다. 마중 나온 달욱, 재명과 인사를 나누고 출발했다. 그들은 오늘 모든 쿠바 여행 일정을 마치고 공항을 거쳐 출국할 예정이라고 했다.

가는 길엔 이야기꽃이 피었다. 오랜만에 시원하고 조용한 공간에서 시간적 여유까지 주어진 덕분일까. 정말 한순간도 이야기가 그치지 않았다. 근데 마음에 자꾸 걸리는 게 하나 있었다. 순희 선생님을 뭐라고 불러야 할지……. 엄연히 따지면 어머니뻘이시지 않나. 그래서 우리는 지금까지 '선생님'이라는 존칭으로 예우해 왔다. 하지만 호칭이 주는 거리감이 괜히 마뜩잖았다. 이렇게 같은 목적지를 향해 차에 오르고 두런두런 앉아 수다를 떨

다 보면 영락없는 친구이건만! 본인도 이렇게 쿠바까지 와서 그런 격식 따지고 싶지 않아 하는 눈치였다. 그래서 창용과 수정이 내놓은 대안이 바로 '누님'이었다. 누님이라니, 그것도 좀 어색한데……. 하지만 그렇다고 다른 대안이 있는 것도 아니어서 결국 그렇게 부르기로 했다. 뭐 어때! 우린 다 같은 여행자인걸.

그렇게 야자수와 평원을 뚫고 한 시간쯤 달렸다. 그런데, 어? 택시 기사가 느닷없이 차를 고속도로 갓길에 댔다. 그리고는 차에서 내리더니 앞쪽 본네트를 열었다. 차에 이상이 생겼나? 우린 그저 어리둥절해 있었다. 기사는 아무 설명 없이 트렁크에서 장비와 부품을 꺼내와 수리를 시작했다. 고무 재질로 보이는 펌프 모양의 부품을 가위로 잘라낸 뒤 어딘가에 이어 붙였다. 또 페트병에 든 냉각수인지 오일인지 모를 액체를 본네트 안쪽에 따라 부었다. 뭐야, 무슨 의사가 수술 집도하는 것 같네. 근데 종종 있는 일인가? 너무 자연스러웠고, 그래서 더 당황스러웠다.

문제는 더위가 더 심각해졌다는 점이었다. 시동을 끌 때 에어컨까지 꺼진 탓에 슬슬 땀이 나기 시작했고, 하나둘 신음 소리를 내기 시작했다. 하지만 한 사람도 짜증을 내지 않았다. 놀랍게도 모두 상황을 즐기고 있었다. 뒤이어 누군가 꺼낸 이 말이 모두의 입에서 메아리쳤다.

"괜찮아, 쿠바니까."

우리는 결국 차에서 내렸다. 그리고는 갓길 바깥쪽에서 올드카를 배경으로 기념사진을 찍어댔다. 시뻘건 차와 파른 하늘, 뭉게뭉게 하얀 구름이 대비됐고 그 가운데 가벼운 차림의 자유로운 여행자가 섰다. 4명의 모델이 번갈아 펼치던 쇼가 두 바퀴를 돌았을 무렵 차량 정비가 드디어 끝났다. 모두 홀가분한 마음으로 다시 차에 올랐다. 부릉부릉, 어서 가자. 배기통 소리가 어째 더 부드러워진 것만 같았다.

고속도로 갓길에서
대수술
+ 영상으로 보기

파리떼 꼬여도 먼지가 붙어도

영문도 모르고 따라간 첫 목적지는 언덕 위쪽에 있었다. 이름은 하스미네스 호텔 전망대. 비날레스 협곡 국립 공원이 한눈에 내려다보였다. 아래에는 그야말로 녹색 나무와 풀로 가득한 넓은 평원이 펼쳐져 있었다. 그 사이 우뚝 솟은 산은 평평한 고원과 달리 끝자락에서 급강하하는 모습이었다.
좌측에 조금은 생뚱맞은 곳에 지어져 있는 호텔 하나를 제외하고는 뻥 뚫린 시야에는 인류의 흔적을 하나도 찾아볼 수 없었다. 굴뚝도, 아스팔트도, 곡식을 심었던 경작의 흔적도, 잿빛 미세먼지도 전혀 없었다. 그 모습을 한창 바라보다 보면 얼핏 공상 과학 영화를 보는 느낌이 들었다. 아바나에서 시작한 시간 여행은 여러 시대를 훅 뛰어넘어 쥬라기나 백악기에 다다른 걸까?
초록 협곡을 넋 놓고 응시하는데 어디선가 또 낯선 음악이 들려왔다. 고개를 돌려 보니 역시나 아쿠로 쿠반 밴드였다. 7명의 구성원은 기타와 콘트라베

이스, 그리고 마라카스 등 각종 타악기를 하나씩 들고 연주했다. 살사 리듬에 맞춰 좌우로 스텝을 밟았고 동시에 노래로 화음을 쌓았다. 엠프나 스피커 따위 없이 손과 입에서 나오는 아날로그 소리만으로 귀를 즐겁게 했다.

슬슬 배가 고파왔다. 아침에 아리아나가 해준 데사유노를 다 먹지 않고 남겼던 게 후회가 됐다. 이런 내 마음의 소리를 들었는지 기사는 우리를 다음 목적지인 식당으로 이끌었다. 울퉁불퉁한 골목길 사이로 정원이 딸린 큰 식당이 나왔다. 차를 세우고 울타리 안쪽으로 들어갔다. 종업원들은 모두 기사를 알아보고 저마다 인사를 나눴다. 누구는 찡긋 눈짓을, 누구는 하이파이브를 했다. 그에게 서양식 볼 뽀뽀 '비쥬'를 하거나 와락 안기는 사람도 있었다.

viñales
Roudelys-Pancho

맛집이 아니라 친한 집에 데려온 거 아냐? 커미션을 받을지도 모르겠다.

곧이어 우리가 앉은 넓은 테이블로 요리가 하나씩 나왔다. 모두 조리 과정이 단순한 음식으로 식단이 꾸려졌다. 얌과 고구마는 그냥 삶았고, 양배추는 데쳤고, 소고기와 닭고기 그리고 게살은 향신료에 졸였다. 쌀밥과 토마토 같은 샐러드도 있었다. 모두 각각 별도의 접시에 가득 담겨 나왔다. 그런데 이거, 왜 이렇게 짠 거야? 꼬르륵거리는 배를 겨우 붙잡고 들어왔는데 기껏 나온 음식이 입에 맞지 않으니 짜증이 났다.

게다가 음식 나온 직후부터 파리가 엄청나게 몰려들었다. 생전 식탁에서 이렇게 많은 파리를 본 건 처음이었다. 우리 식탁 위에만 20여 마리가 상주했다. 쫓아지지도 않았다. 음식 위에 앉은 파리 쪽에 손을 휘두르면 그들은 잠시 날았다가 0.5초 만에 다른 접시로 옮겨 앉곤 했다. 마주앉은 창용과 내가 한 손으로 음식을 집어 먹으면서 다른 한 손으로는 계속 파리를 내쫓으려 했지만 속수무책이었다.

"여기, 선풍기라도 있으면 좀 가져다주세요."

필살기를 쓰기 위해 종업원을 불렀다. 선풍기를 음식 쪽으로 쐬어 놓으면 파리가 균형을 잃고 필경 멀리 달아날 수밖에 없을 것이라고 생각했다. 이어 종업원들은 창고에서 낑낑대며 꺼내 온 선풍기를 테이블 근처 콘센트에 꼽았다. 그리고 스위치를 막 누르려던 찰나, 선풍기 틈새에 먼지가 덩어리로 떡진 게 내 눈에 포착됐다. 날개 쪽에는 먼지와 때가 심하게 껴 있었다. 다급하게 외쳤다.

"안 돼! 꺼요!"

하지만 그들이 한국말을 알아들을 리 없었다. 날개는 요란한 소리를 내며 돌았고, 먼지는 금세 음식 쪽을 향해 튕겨졌다. 짧은 시간이었지만 슬로모션처럼 느껴졌다. 이 어이없는 상황을 어떻게 받아들여야 하나. 우리는 선풍기를 끄고서 남은 음식을 그냥 마저 먹었다. 어떻게 그럴 수 있냐고? 나도 잘 모르겠다. 이번에도 쿠바니까 괜찮다고 여겼던 걸까. 굶어 봐야 나만 손해라고 생각했는지도 모르겠다.

파리떼 꼬여도
먼지가 붙어도
▸영상으로 보기

비날레스 물폭탄

기사가 다음으로 데려간 곳은 산 중턱이었다. 그의 스페인어를 다 알아들을 순 없었지만 저 위에는 무슨 동굴이 있고, 여기부터는 걸어 올라가야 한다고 했다. 나는 하나하나 다 보고 싶었지만 다른 멤버들은 지친 기색이 역력했다. 특히 순희 누님 체력을 감안하면 내가 원한다고 다 밀어붙일 수만은 없을 것 같았다. 딱 보니까 시간도 그렇게 많이 남지 않아서 우리는 그냥 이곳을 뛰어넘기로 했다.

쿨하게 다시 차에 탔다. 바로 그때, 창문에 물방울이 톡톡 튀었다. 비였다. 동굴을 가자고 나섰으면 이 비를 쫄딱 맞았겠구나 싶었다. 휴! 가슴을 쓸어내렸다. '얼른 그쳐라…….' 하지만 빗줄기는 금세 굵고 거세졌다. 폭우였다. 오른쪽 허벅지가 난데없이 축축해졌다. 아뿔싸! 차창을 끝까지 닫았는데도 모서리 부분 틈을 통해 비가 들이치고 있던 것이다. 꼼짝없이 당했다. 심지어 밖을 보니 길 가장자리는 아예 침수되기 시작했다. 차는 흙탕물을

▶ 차창을 열고 찍은 선사 시대 모사 벽화

가르며 비포장도로를 달리고 있었다. 수위는 점점 더 올라갔다.

물폭탄은 시가 공장에 도착했을 때까지 그치지 않았다. 아쉬움을 뒤로 하고 발길을 돌릴 수밖에. 이후 비날레스 투어의 하이라이트로 꼽히는 선사 시대 모사 벽화 근처에 도착했을 때도 비는 여전히 그치지 않았다. 심지어 빗줄기는 정말 겁이 날 정도로 더 굵어져 있었다. 이 때문에 차에서 잠시도 내릴 수가 없었다. 그래서 우리는 2~3km쯤 떨어진 곳에 차를 세우고 잠깐 사진과 영상만 남긴 뒤 자리를 옮겨야 했다. 애초부터 기대를 많이 하지 않았던 게 그나마 다행이라면 다행이겠다.

커버 없는 변기,
그 굴욕적 기억

돌아오는 길, 또다시 이야기꽃이 피었지만 나는 참여할 수가 없었다. 슬슬 얼굴이 창백해지는 게 느껴졌다. 속은 계속 더부룩했고 종종 무언가 뱃속을 콕콕 찌르는 것 같았다. 언젠가부터 으슬으슬 하더니 팔뚝에 느닷없는 닭살까지 돋았다. 젠장, 소화물을 배출시키지 못해서 그런 걸까. 이게 다 호아키나 까사 변기의 끔찍한 비주얼을 견디지 못한 탓이었다. 시간을 때우기 위해 이따금씩 억지로 잠을 잤다. 그런데 이 와중에 창용과 수정은 기사에게 혁명 광장까지 들러달라고 부탁했다. 이거 원 뭐라 할 수도 없고, 난감했다. 안 된다고, 난 얼른 화장실에 가야만 한다고 말할까? 별 것도 아닌데 그 얘기를 꺼내기가 괜히 부끄러웠다. 그렇게 끙끙 앓는 동안 택시는 기어이 혁명 광장에 도착했다. 기사님, 왜 이렇게 쓸 데 없이 착하신 겁니까?

체 게바라와 카밀로 시엔푸에고스 얼굴이 각각 새겨진 건물 앞에서 연신 사진을 찍었다. 물론 내 정신은 온통 화장실에 머물렀다. 환장하겠네. 그렇게 또 한바탕 모델 놀이를 한 뒤에야 숙소로 겨우 돌아올 수 있었다. 그리고는 거사를 치르기 위해 뒤도 돌아보지 않고 2층 화장실로 직행했다. 그런데…….

"아 쓰벌. 이건 정말 너무하지 않나!"

이곳도 변기 커버가 없었다. 요반나에 유일하게 하나 있는 화장실이었는데……. 평소 같았으면 머릿속에 맴 돌기만 했을 거친 욕이 나도 모르게 입 밖으로 터져 나왔다. 하지만 이제는 어쩔 도리가 없었다. 불쾌하다고 꾹꾹 참을 수 있는 시기는 이미 지나 버렸다. 굴욕적이고 찜찜했지만 차가운 세라믹 변기에 내 신체를 내어줄 수밖에 없었다.
그리고는 세상 잃은 표정으로 1층 휴게실에 내려왔다. 그런 내 상황과 감정을 아무도 알아채지 못한 눈치였다는 건 그나마 다행이었다.

저녁 일정에는 한국인 한 명이 합류했다. 이미 쿠바의 저 남쪽 끝 '산티아고 데 쿠바(Santiago de Cuba)'까지 돌고 올라왔다는 서른 살 이슬이었다. 그는 다니던 대학 동기 진영민이 잠깐 어딘가 나간 사이 혼자 방황하다 우리를 따라 나섰다. 영민에게 연락을 남길 방법이 없어 고민하던 그는 결국 메모지를 꺼내 이렇게 썼다.

Hasta la
victoria

'영민 언니 나 사람들이랑 놀다 올게. 오비스포 쪽에 있을게.'

메모는 창문 바깥쪽 틈에 끼워 넣었다. 어제 달욱과 함께 "창용아" 하고 소리를 지르던 곳. 2층 창문 바로 밑이었다. 카카오톡이 안 돼서 생긴 또 하나의 진풍경이었다. 쿠바는 참 재밌는 곳이다.

오비스포를 거쳐 말레콘까지 걸었다. 첫날 혼자 걸었던 여정과 같은 길이었다. 훨씬 여유롭고 든든했다. 거침없는 순희 누님 덕에 거리의 현지인과도 쉽게 어울릴 수 있었다. 헤밍웨이가 묵었다는 암보스 문도스 호텔 앞 흑인 꼬마, 말레콘 방파제에서 레게 스타일 머리를 꼬던 커플, 모두 잊을 수 없었다.
해 질 무렵 택시를 잡았다. 속력을 높이자 끈적한 음악이 나왔다. 열린 창문으로 들어온 바람에 머리칼이 날렸다. 우린 함께 환호했고 몇몇은 소리를 질렀던 것으로 기억한다. 막 항구를 떠난 크루즈 유람선이 보였고 마실 나온 사람들은 방파제를 따라 쭉 늘어섰다. 마음이 괜히 싱숭생숭했다. 늦가을 혼자 낙엽 사이를 걷다 보면 맡을 수 있는, 조금은 우울하면서 또 설레는 그런 알쏭달쏭한 냄새가 났다. 말레콘 석양을 보고 나니 길었던 하루가 금세 저물었다.

- 2018년 6월 18일 여행 3일차

고독할 자유

오지랖이 넓은데다가 기자라는 직업까지 갖게 되면서 하루에도 많은 사람들을 만나며 살게 됐다. 하지만 난 기본적으로 혼자 있을 때 에너지를 회복하는 편이다. 사방이 사람들로 둘러싸일 때면 잠시 동굴로 숨어서 마음을 달래고 싶어진다. 물론 그런 '고독할 자유'가 유별나게 극단적으로 표출된 사례도 적지 않다. 야밤에 캄캄한 산을 혼자서 오른다거나 통신이 되지 않는 지역을 굳이 찾아 들어가 혼자만의 시간을 갖는 식이었다. 그러다 보면 '사서 고생' 해야 하거나 심할 경우 위험에 빠질 수도 있지만 언젠가부터 내게는 꼭 필요한 시간이 됐다. 이번 쿠바 여행도 애초에 그런 마음에서 출발한 게 아니었나 싶다. 그런 내가 이곳 쿠바에서 줄곧 사람들을, 그것도 굳이 익숙한 한국 사람들을 자꾸 찾게 된 건 의외였다. 나는 고독할 자유를 스스로 걷어차고 있었다. 새로 맺어지는 관계들이 어느 정도 피로를 수반할 수밖에 없다는 걸 알면서도 자꾸 그랬다.

◀ 이름을 알 수 없는 커다란 생선을 자전거에 매달아 다니던 현지인을 오비스포 거리에서 만났다. "사진 찍어도 되냐"고 묻자 자신의 강인함을 과시하려는 듯 굳은 표정을 지어 보였다.

▶ 왼쪽은 '다이키리 데 카페' 라는 이름의 음료. 레몬콜라에 알콜이 첨가된 느낌인데 끝맛으로 커피향이 살짝 돌았다. 청량감이 남달랐다. 오른쪽은 '다이키리 에스코리알'이라는 음료. 이번엔 라임주스에 알코올이 들어간 맛이었다. 두 메뉴 모두 이 카페에서만 맛볼 수 있다는 시그니처 메뉴였다.

여행 나흘째. 역시 혼자 있고 싶지는 않았다. 뭘 하더라도, 누구라도 '함께' 하고 싶다는 생각이 들었다. 하고 싶은 건 정말 많았다. 시내 올드카 투어도 하고 싶고 살사 댄스도 배우고 싶었다. 머리도 레게 스타일로 따고 싶고 '꼬히마르' 마을도 가고 싶었다. 헤밍웨이 소설 《노인과 바다》의 모델이 된 마을이라는데 어떻게 그냥 넘길 수 있겠나. 여기 있는 사람들 모두 마찬가지였다. 각자가 하고 싶은 게 많은데 일정을 조율하기가 어려웠다. 그래서 어젯밤 늦게까지도 결론을 내지 못했던 것이다.

다시 만나기로 한 오전 10시였다. 시간에 맞춰 요반나 까사 휴게실에 왔지만, 아무도 보이지 않았다. 오늘은 혼자 나가야겠구나 싶었다. 아쉬운 마음에 잠깐 멍하니 있던 중 창용이 내려왔다. 고맙다 창용아. 너라도 와 줘서 다행이야. 음, 그런데 다른 숙소에 있는 이들이 언제 올지는 가늠할 수 없었다. 연락할 길은 당연히 없었고 그렇다고 여자들 방에 불쑥 찾아가는 것도 실례일 터. 마냥 기다릴 수만은 없으니 결국 둘이서 길을 나섰다. 테이블에는 오비스포에 다녀오겠다는 짤막한 쪽지를 남겨 놓았다.

폭염 속 오비스포 거리를 한 시간쯤 돌다 '비에하 광장(Plaza Veija)'에 도착했다. 아바나에서 가장 맛있는 커피를 판다는 '카페 에스코리알(Cafe Escorial)'을 찾았다. 창용이 이곳에서 로스팅 된 커피콩을 기념품으로 사고 싶다기에 함께 왔다.

커피콩은 별도로 마련된 판매대에서 팔고 있었다. 앞에는 관광객 10여 명이 늘어서 있었다. 우린 그 뒤에 서서 한참을 기다려야 했다. 줄은 좀처럼 줄지 않았다. 대부분 그라인딩 된 커피를 구매하려는 이들이었는데 1명 구매 분을 만들어내는 데 평균 7~8분씩 걸렸다. 우리 같으면 미리 만들어 두고 하나씩 팔았을 텐데. 그렇게 해야 더 많은 돈을 벌 수 있을 텐데. 이거 원, 돈을 많이 벌 생각이 애초부터 없던 건 아닐까.

결국 포기하고 나와 음료나 한 잔씩 마셨다. 꺼억. 더부룩했던 속이 좀 풀렸다. 이제야 주변이 좀 보이기 시작했다. 비에하 광장은 그동안 봐 왔던 아바나의 그 어느 곳보다 아름다웠다. 16세기 중반에 세워졌다는 게 믿기지 않을 만큼 세련됐다. 광장 한가운데엔 분수가 있었고 대리석으로 지어

진 듯한 형형색색 건물이 정사각형에 가까운 광장의 주변부를 감싸고 있었다. 건물이 보통 2~3층 규모로 높지 않아서 파란 하늘과 뭉게구름까지 한 눈에 볼 수 있었다. 한쪽에는 우리가 있던 카페 에스코리알, 반대편에는 수제 맥줏집 '팍토리아 플라자 비에하'가 있었다.

모퉁이 쪽에는 '카마라 오스쿠라(Camera Obscura)'라는 전망대도 있었다. 높은 곳에 직접 올라가서 지상을 내려다보는 일반적인 전망대와는 달리 암실 광학 렌즈라는 잠망경 같이 생긴 특수 기구로 상을 비춰 보는 방식이라고 했다. 중남미를 통틀어 하나밖에 없는 시설이라고 하니 열심히 찾아갔는데 점심시간이라는 이유로 닫혀 있었다. 실망감이 발걸음을 더욱 무겁게 하던 찰나, 창용이 입을 열었다.

"형 이제 돌아갈까요. 다들 우리 기다리고 있을 지도 모르고……."

"그럴까? 너무 힘들다. 가서 땀이라도 좀 식히고 와야겠어."

고독할
자유
+ 영상으로 보기

아이스 버킷 챌린지

먼 길을 돌고 돌아 요반나 까사에 도착했다. 아우 더워. 땀이 비 오듯 난다는 말은 이럴 때 써야 하지 않을까. 어? 그런데 쪽지가 사라져 있었다. 아침에 오비스포에 다녀오겠다고 적어 테이블에 올려놨었는데, 누군가 발견하고 집어간 게 틀림없었다. 그렇다면 일단 다행이었다. 메모를 봤으면 서로 공유했을 테고, 그렇다면 우리만 오매불망 기다리고 있진 않을 것 같으니 민폐를 덜 수 있겠다 싶었다.

일단 휴게실에 자리를 잡았다. 열기를 식히고 젖은 옷을 말려야 했다. 6월의 아바나는 이처럼 너무 더워서 어디를 갔다 돌아오면 바로 다시 움직이기가 힘들었다.

"창용아 이제 어떡할까? 이렇게 앉아서 기다리고만 있을 수도 없잖아."

"형, 우리 그럼 인터넷 되는 호텔에 가서 카톡이라도 한 통 보내 놓을까요?"

"좋아, 가 보자고."

문을 나서는 순간 낯익은 실루엣이 보였다. 이슬아! 기가 막힌 타이밍이었다. 뒤에는 수정과 영민, 순희 누님도 보였다. 기가 막힌 타이밍이구나. 그들은 우리가 남긴 쪽지를 보고 오비스포까지 쫓아왔지만 끝내 찾지 못하고 돌아오는 길이라고 했다.

우리는 작은 파티를 열었다. 순희 누님이 과일가게에서 사온 망고와 구아바를 믹서기에 갈아 주스로 만들어 주셨다. 영민은 신라면 네 봉지를 꺼내왔다. 멕시코 한인마트에서 산 뒤 이럴 때 먹으려고 가방 속에 쟁여 놨단다. 현지식이 지겨웠던 차에, 덕분에 그리웠던 마법의 스프와 MSG로 점심이 해결됐다.

그런데 이건 뭐지? 냉동실에서 못 보던 하얀 봉투를 발견했다. 조각난 얼음이 가득 들어 있었다. 아이스 버킷 챌린지(Ice bucket Challenge)에 지목됐다며 어제부터 호들갑을 떨던 수정을 위해 순희 누님이 과일 가게에 특별 주문해 받아 온 것이라고 했다.

아이스 버킷 챌린지는 이른바 '루게릭병' 환자에 대한 기부를 활성화하기 위한 릴레이 캠페인이다. 지목된 사람은 관련 협회에 돈을 기부하거나 머리에 얼음물을 뒤집어쓰는 장면을 촬영해 소셜미디어에 올려야 한다. 물론, 두 가지를 같이 하는 경우도 많다. 게시글에 다음 도전자 세 명을 지목

하면, 그들이 릴레이를 이어가는 방식이다. 지난해 한참 유행이었는데 올해까지 이렇게 계속되는 것 같았다.

쿠바에서 아이스 버킷 챌린지라니. 낭만적인 계획이었다. 얼음물이 가득 담긴 양동이를 순희 누님에게 받아 요반나 앞 골목으로 나갔다. 화려한 카피톨리오나 프라케 호텔 앞보다 이곳이 빈티지한 아바나의 전형적인 모습을 드러내기에 훨씬 좋았다. 잿빛 건물과 빨간 올드카가 이색적인 화면을 만들어 냈다.

몇 차례 연습을 거친 뒤 결국 실행에 옮겼다. 창용이 들고 선 스마트폰 화면 속. 수정은 이벤트의 취지를 설명한 뒤 다음 참가자를 지목했다. "자 이제 시작하겠습니다."라는 말이 나오자마자 나는 얼음물을 고공에서 사정없이 부었다. 수정은 한 차례 부르르 떨더니 이내 담담히 머리칼을 쓸어 올렸다. 환우를 돕는다는 목적을 고려해 너무 장난스럽게 받아들여지지 않도록 웃음기는 최대한 제거했다. 다만 주변을 지나던 현지인들은 이런 모습을 아주 흥미롭게 지켜보며 박수와 환호를 보냈다.

수정이 인스타그램 개인 계정에 공유한 영상은 사흘 만에 1만 5천 명이 시청했다. 유명한 인플루언서도 아니었는데 '#icebucketchallenge' 라는 해시태그를 검색한 이들에게 빈티지한 아바나 골목길이 꽤나 인상적이었나 보다. 다음 차례로 나를 지목해 주길 내심 바랐지만 아쉽게도 그러진 않았다.

캣 콜링

"내 돈이 어디 갔지?"

"왜요? 얼만데요?"

"500쿡. 약 사려고 가방에 따로 챙겨 놨었는데."

귀를 의심했다. 500쿡이면 우리 돈으로 50만 원이었다. 아바나 주민들은 1년을 일해도 벌기 힘든 정도의 금액이었다. 순희 누님은 폴리코사놀을 사기 위해 쟁여둔 돈이 없어졌다며 허둥지둥 가방을 뒤지기 시작했다. 폴리코사놀, 그건 누님이 여행을 온 목적이었다……. 그러니 우리도 모두 아연실색할 수밖에 없었다. 여기저기 폭풍 수다를 떠느라 산만하던 요반나 휴게실에 별안간 정적이 흘렀다.

모두 두 팔을 걷어붙이고 그의 가방과 소지품을 함께 뒤졌다. 5분쯤 지났을까. 누군가 가방 깊숙이 있던 하얀 봉투를 찾아냈다. 500쿡은 다행히 봉투 안에 고스란히 담겨 있었다. 휴. 정말 다행이었다. 항상 바쁘고 활달하지만 정신없이 골몰하다 무언가 잘 빠뜨리는 순희 누님의 성격을 잘 보여 주는 장면이었다. 얼굴색이 다시 환해진 그는 이제 약을 사야 한다며 서둘러 길을 나섰다. 바로 그때 이번엔 수정이 말했다. 내 아이폰 어디 갔지? 아 뭐야, 또!

이처럼 물건이 없어지면 주변에 있던 모두가 애타는 마음을 공유하게 된다. 그걸 다시 겪고 싶지 않았는데, 어쨌든 현실이 되어 버렸다. 수정의 최신 아이폰은 순희 누님이 잃어버렸던 현금보다 훨씬 비쌀 터. 환장할 노릇이었다. 수년간 추억이 깃든 사진첩을 따로 백업하지도 않았다고 하니 '하나 사지 뭐' 하며 툴툴 털어 버리라고 할 수도 없었다. 우린 또 한마음으로 주변을 샅샅이 뒤졌다. 하지만 10여 분이 지나도 아이폰은 모습을 드러내지 않았다.

혹시 순희 누님이 실수로 집어가진 않았을까? 불길한 직감은 모두의 뇌리를 동시에 관통했다. 그가 베다도 지역에 가기 위해 사람들과 합승하고 비용을 나눠 내는 합승 택시, 이른바 콜렉티보를 타겠다고 했던 게 기억이 났다.

일단 정류장으로 뛰었다. 수정도 금세 뒤에 따라붙었다. 택시에 오르기 전에 잡아야 한다는 생각에 있는 힘껏 질주했다. 골목에 선 현지인들은 이 모습을 흥미롭게 지켜보는 눈치였다. 그러고 보니 지난 닷새 동안 여기 사람들이 뛰는 모습은 한 번도 본 적이 없었다. 역시 급한 건 항상 한국 사람들일까. 어쨌든 그렇게 뛰었어도 순희 누님을 찾지는 못했다. 덥고 습한 날씨에 티셔츠만 땀으로 범벅이 될 뿐이었다. 혹시 정말 그가 갖고 있다면, 다른 곳에 흘리지만 않으셨길 바랄 수밖에 없는 노릇이었다.

그리고 30분 뒤, 그가 돌아왔다. 손에는 다행히 아이폰이 들려 있었다. 그럼 그렇지. 분실 소동은 이렇게 한바탕 해프닝으로 끝이 났다.

충격적인 얘기는 그 다음에야 들을 수 있었다. 수정은 콜렉티보 정류장을 향해 뛰어가던 중 당혹스런 일을 겪었다고 했다. 나와는 10m 정도의 거리를 두고 뒤따라 뛸 때였다. 나는 교차로에서 오른쪽으로 꺾었고, 반대쪽은 그에게 가보라고 했었다.

"그때 내 뒤에 경찰관이 쫓아오고 있었거든. 계속 불쾌한 표정을 짓는 거야"

"경찰관? 나는 못 봤는데?"

"오빠랑 갈라진 다음에 내 쪽으로 더 가까이 붙더라고. 그러더니 대놓고 휘파람을 불더라. 이거 캣콜링이잖아."

"제복 입은 경찰관이? 네가 잘못 본 거 아니야?"

"나중엔 입술로 '쪽쪽' 하는 소리까지 내더라고. 너무 짜증나!"

헉! 말문이 막혔다. 분명 성희롱이었다. 이곳 사람들이 경찰관을 볼 때 눈을 내리깔고 두려운 표정을 짓는 걸 몇 번 봐 왔다. 경찰관을 조류나 짐승에 빗대 짭새라고, 견찰이라고 비하하며 무시하던 한국 사람들과는 다른 모습이었다. 공산 국가라 가능한지 모르겠지만 공권력은 강해 보였다. 그런데 그 공권력이 바로 이렇게 경관 개인에게 쉽사리 남용되고 있었다. 우리나라 같았으면 신문에 대문짝만하게 날 일인데 말이다.

피로 사회

재정비를 끝내고 오후 일정을 시작했다. 원하는 게 각각 조금씩 다르다 보니 모두가 같은 루트로 움직일 순 없었다. 때로는 함께, 또 때로는 편대로 나뉘어 다니기로 했다. 욕심 많은 나는 최대한 많은 일정에 참여하기 위해 여기 저기 발을 걸쳤다.

그렇게 정한 첫 번째 일정이 카마라 오스쿠라 전망대였다. 오픈 시간을 놓쳤던 아쉬움에 재도전했다. 영민을 제외하고, 창용 · 수정 · 이슬과 함께 나섰다. 택시를 타고 편하게 가려 했다가 기사들과의 흥정에서 이견을 좁히는 데 실패해 결국 이번에도 그냥 걷게 됐다. 덕분에 오비스포 주변 골목, 빈티지한 아바나 속살은 실컷 구경할 수 있었다.

걷고 또 걸어서 전망대 앞에 도착한 건 오후 5시 20분이었다. 그런데 이런, 문이 또 굳게 닫혀 있었다. 두 번째 헛걸음, 절망적이었다. 오후 5시에 문을 닫는다고 써진 표지판이 괜히 야속했다. 결국 아쉬움을 삼키며 발길을 돌

▲ 일일이 택시를 찾아다니며 흥정했지만 비에하 광장까지 단돈 5쿡에 가는 건 아무래도 무리였다.

려야 했다.

일정상 여유가 있던 창용과 이슬은 여기 비에하 광장까지 온 김에 맥주나 마시겠다며 근처에 자리를 잡았다. 바로 '팩토리아 플라자 비에하(Factoria Plaza Vieja)'라는 수제 맥줏집이었다. 역사가 수백 년쯤 돼 보이는 고풍스런 인테리어가 인상적이었는데 나중에 찾아보니 2004년에 지어졌다고 했다. 길쭉하고 투명한 튜브식 플라스틱 통에 맥주를 담아 오면 손님들은 아래 수도꼭지를 틀어 알아서 따라 마셨다. 잠깐 들러서 딱 한 잔 마셨는데 키햐, 가만 있어 봐. 여기서 움직이고 싶지 않았다. 하지만 별 수 있나, 다음 일정으로 살사 강습을 예약해 둔 나와 수정은 쉴 틈 없이 또 걸음을 재촉해야 했다.

"도저히 안 되겠어. 나는 내일 바라데로로 갈래."

"이틀 더 있겠다고 하지 않았어? 갑자기 왜?"

"여기에서 너무 바쁘게 지내잖아. 쉬러 왔는데 하나도 못 쉬고 있어."

살사 학원으로 걸어가면서, 아니 거의 반쯤 뛰어가면서 수정과 나눈 대화다. 한국에서 뮤지컬을 전공한 그는 대학을 졸업할 무렵 운 좋게 한 장학재단의 지원을 받아 유학 생활을 하고 있었다. 계획한 공부를 1년이라는 짧은 기간에 마쳐야 했기에 항상 살인적인 스케줄에 시달려야 했다고 한다. 잠을 더 이상 줄일 수 없을 때까지 줄이고 등·하굣길 차 안에서는 늘 노래 연습에 매진할 수밖에 없을 정도였다고. '너도 참 피곤하게 살았구나.' 싶었다.

물론 피곤하게 산 걸로 따지면 나도 만만찮다. 지난 4년 동안 전날 아무리 술을 많이 마셔도 새벽같이 눈을 뜨고 일어나야 했다. 눈꺼풀이 무거워도 침대가 끌어당겨도 반항할 수 없었다. 겨우 지하철에 몸을 싣고 나서도 무릎 위에는 노트북을 펼쳐야 했다. 옆자리에 잠든 회사원들을 부러워하며 그날의 조간신문을 하나하나 살피고 취재 일정을 정리하다 보면 어느덧 내릴 시간이 됐다. 그렇게 출입처에 도착하고 나면 하루가 눈코 뜰 새 없이 지나갔다. 노트북 대기열에는 언제나 작성중인 기사와 보도 자료들이 쌓여 있었고 취재 현장에 나갈 때도 오가는 차 안에서 수화기만 붙잡고 있어야 할 때가 부지기수였다.

이곳에 오면서 그런 것들을 잠시 내려놓겠다고 기대했다. 그런데 지금 모습은 어떤가? 일정을 조율하다 어느덧 저녁이 됐다. 전망대 보고, 맥주 마시고, 살사 배우고, 택시 투어까지 짧은 시간 내에 해내겠다고 부단히도 뛰어다니고 있었다. 어느 하나 포기하지 못한 까닭이었다. 수정은 그나마 용단 있게 당장 떠나겠다고 밝혔지만, 나는 그마저도 부러워하고만 있을 따름이었다.

피로
사회
+ 영상으로 보기

허둥지둥 살사 댄스

쿠바 여행에서 가장 기대했던 것 중 하나가 바로 살사 댄스였다. 미국과 유럽에서 사교댄스로 유명해진 춤이지만 사실 쿠바가 원조다. 실제로 쿠바 사람들은 어릴 때부터 배워서 그런지 몰라도 언제 어디서든 자연스레 살사가 나왔다. 거리에서는 버스킹 음악에 맞춰 시도 때도 없이 추고, 클럽에서는 보다 전문적으로 췄다. 이곳 아바나뿐 아니라 트리니다드, 산티아고 데 쿠바 등에서는 강습 학원도 어렵지 않게 찾을 수 있고 여행자들도 저렴하게 배울 수 있다고 했다.

나는 쿠바에 오기 전 간단한 기본 스텝이라도 배우고 오면 더욱 풍성하게 살사를 즐길 수 있다는 얘기를 들었다. 인터넷에 찾아보니 홍대 근처 동호회에서는 월 15만 원을 내면 일주일에 두 차례, 모두 8회의 강습을 받을 수 있었다. 물론 여자친구의 완강한 반대에 아쉽게도 실행에 옮길 순 없었다. 다른 여자와 몸을 부비는 게 싫다고 했다. 약간의 터치는 불가피하겠지만 살사는 문화라고, 우리나라로 치면 택견 같은 거라고 항변해 봤지만 소용없었다. 어쩌면 이는 우리나라에서 살사를 포함한 댄스 스포츠가 주로 어떻게 인식되는지 드러내는 장면이 아니었나 싶다. 그나마 현지에서나마 강습에 참여할 수 있던 것도 이런 저런 세밀한 노력으로 이해를 구한 덕이었다.

수정과 나는 강습소에 예약했던 시간보다 조금 늦게 도착했다. 까사에서 우릴 기다리던 영민은 먼저 도착해서 몸을 풀고 있었다. 다시 모인 셋은 예약된 강습 시간을 허투루 까먹지 않도록 서둘러 준비했다. 강습비로는 10쿡을 낸 뒤 거울 앞에 섰다. 몸치라는 사실을 스스로 알고 있었지만 뭐 어때? 부끄럽지 않았다. 새로운 도전은 두려움보다 설렘이 컸다.

퀵, 퀵, 슬로우, 마지막 박자는 쉰다. 수업은 이런 기본 4박자 스텝을 익히는데 집중됐다. 앞으로 전진하는 포워드 스텝, 뒤로 빠지는 백워드 스텝, 여기에 좌우 스텝과 턴까지 배웠다. 나도 모르게 무릎을 지나치게 굽히거나 어깨에 힘이 잔뜩 들어갈 때면 비웃음을 당했다. 내가 봐도 우스꽝스러운 모습이었다. 쳇. 어정쩡하지만 그래도 재밌게 따라했다. 가끔이지만 강사의 입에서 '잘 했다(Great)'라는 칭찬이 나올 때면 더할 나위 없이 기뻤다.

실제 파트너를 마주 보고 추는 것도 잠시나마 경험할 수 있었다. 물론 곧바로 좌절했다. 살사가 몸의 대화라고 하면 나는 옹알이도 못하는 수준이었기 때문이다. 살사는 기본적으로 남성이 리드하면 파트너인 여성이 그에 반응해서 따라오는 춤이라는데, 리더가 허둥지둥 하다 보니 모두 엉망이 되기 일쑤였다. 게다가 파트너인 여성 강사와의 키 차이가 너무 많이 났다.

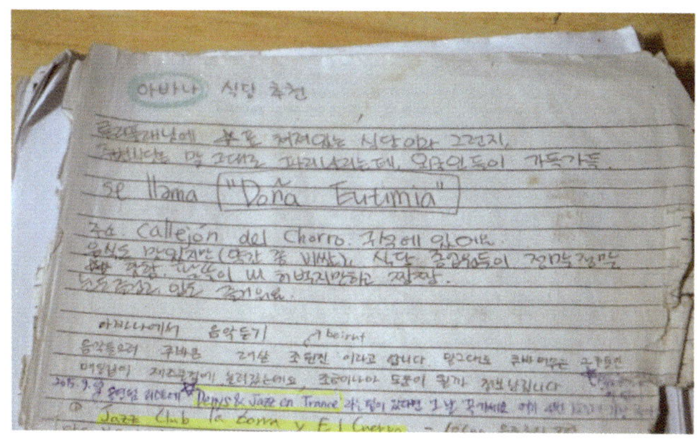

▲ 요반나 까사에 있던 정보북

시선조차 마주치기 어려웠고 전체적인 균형도 안 맞았다. 처음엔 다 그렇겠지? 언젠가 꼭 제대로 배워 보고 싶다.

그렇게 강습을 마치고 돌아온 요반나 휴게실에는 창용과 이슬이 기다리고 있었다. 다음 일정인 올드카 택시 투어를 준비했다. '아, 힘들다. 조금만 쉬었다 나가자.' 그런데 그때, 똑똑. 별안간 누군가 창문을 두드렸다. 지나가던 한국 사람이었다. 요반나에는 한국인이 모여 있고 이들이 거쳐 가며 여행 정보를 정리해 둔 이른바 '정보북'이 있다고 소문이 나면서 아바나에 있는 한국인들은 이렇게 종종 요반나 휴게실을 들렀다. 오늘 창문을 두드린 건 김윤영이라는 잘생긴 스물여덟의 청년이었다.

혹시나 싶어서 윤영에게 내일이나 모레쯤 플라야 히론(Playa Giron)으로 갈 계획인데 같이 갈 마음이 있느냐고 물었다. 즉답은 받지 못했지만 번쩍이던 그의 눈빛을 보고 직감할 수 있었다. 아, 이 친구구나. 드디어 찾았다! 내일까지 좀 더 생각해 보겠다는 그에게 카카오톡 아이디를 반 강제로 알려 주고 나서야 돌려보냈다.

뒤이어 한국인 청년 두 명이 차례로 들어왔다. 스물다섯 조재용, 스물아홉 라석연 모두 쿠바 중부까지 들렀다 출국을 앞두고 돌아왔다고 했다. 이들에게 물었다.

"우린 지금 택시 투어 갈 건데, 혹시 같이 갈래요?"

"좋아요. 함께 갑시다."

허둥지둥
살사 댄스
+ 영상으로 보기

가장 맛있는 모히토

택시 기사는 25쿡을 내라고 했다. 싸게 깎지 못해 아쉬웠지만 어쩔 수 없었다. 하늘이 벌써 어둑어둑해지고 있던 터. 말레콘의 석양을 놓치지 않으려면 다른 방도가 없었다. 서둘러 택시에 올랐다. 몸집이 비교적 작은 수정과 창용이 앞좌석에, 나머지 셋이 뒤에 앉았다.

오픈카 택시에서 바라본 아바나는 또 새로운 모습이었다. 뙤약볕에 환전소를 찾겠다고 저벅저벅 걸어가던 첫 날 '에이 저게 뭐야' 했던 카피톨리오는 하늘빛 채도가 낮아지면서 더욱 선명한 색을 내고 있었다. 주변 호텔들은 강렬한 노란색 조명을 일제히 켰다. 피부에 선선한 바람이 느껴질 무렵 카오디오에선 거친 R&B 음악이 흘러 나왔다. 이보다 낭만적일 수 있을까. 곧 해가 떨어질 것 같아 우리는 말레콘으로 직행해 달라고 요청했다.

기사는 한 차례 고개를 끄덕이더니 좁은 길로 꺾어 들어갔다. 좌우에 건물이 딱 붙어있는 골목길. 마주 오는 차 두 대가 간신히 교차할 수 있을까 싶

을 정도로 폭이 좁았다. 인도와 차도는 경계가 없었다. 슬슬 어둑어둑해지고 있었지만 가로등이 거의 없다 보니 주변을 슬렁슬렁 걷는 행인들이 눈에 띄지 않아 위험해 보였다.
기사는 놀랍게도 이런 곳에서 페달을 질끈 밟았다. 올드카는 시속 50km쯤 되는 속력으로 달리면서 행인들을 아슬아슬하게 빗겨갔다. 이래도 되는 거야? 잠깐 당황스러웠지만 이내 개의치 않게 됐다. 그 모습이 너무 비현실적이어서 실재한 상황이 아니라 그저 영화 속 한 장면 같이 받아들여졌기 때문이다. 왜, 영화에서도 이런 타이밍에 사고가 나지는 않잖아?

금세 말레콘에 다다랐다. 아바나 북쪽 끝 왕복 4차선 해안 도로. 올드카는 동쪽에서 서쪽으로 질주했다. 도로를 중심으로 좌측엔 3~4층 높이의 낡은 건물들이 끝없이 늘어서 있었다. 우측 방파제 너머에는 푸른빛 카리브해와 짙은 하늘이 있었고 그 사이 주황빛 노을이 수평선을 따라 넓게 퍼지고 있었다. 방파제 앞에는 이 로맨틱한 장면을 놓치지 않으려 나온 사람들이 듬성듬성 섰다. 그중에는 낚싯대를 들고 외따로 선 강태공도 있었고, 강아지를 벗 삼아 뛰는 포레스트 검프도 있었고, 친구들과 맥주 한 캔씩 집어 들고 파안대소하는 청춘들도, 와이파이존을 찾아 모여든 엄지족도 있었다. 모두 느릿느릿했고 나처럼 바빠 보이는 사람은 아무도 없었다. 지금 이 순간만큼은 이들이 세상 그 누구보다 부자가 아닐까?

한참을 직진으로 달리던 택시가 간만에 좌회전을 했다. 방파제가 끊기는 지점에서였다. 갑자기 전원주택이 즐비했다. 여기부터가 베다도라고 했다. 때마침 해가 완전히 떨어졌고 주변은 금세 깜깜해졌다. 텐션이, 그러니까 긴장이 살짝 떨어질까 싶을 무렵 택시 기사는 난데없이 소리를 꽥 질렀다.

"아바나에서 가장 맛있는 모히토가 베다도에 있다!"

그의 유쾌한 능청에 우리도 함성으로 화답했다. 그래 봐야 또 어정쩡한 모히토 가게에 데려다 놓고 커미션이나 받아먹겠지. 장삿속이라는 걸 모두가 눈치 챘겠지만 누구도 분위기를 깨려 하지 않았다. 왠지 그렇게 썩 싫지도 않았다. 괜찮다, 쿠바니까. 기분 좋으니까.

택시는 한적한 주택가 앞에 멈춰 섰다. 가장 맛있는 모히토가 이런 곳에 있다고? 여전히 신뢰가 가지 않았지만 일단 그의 안내에 따라 가게로 들어갔다. 우리는 3층 테라스에 둥그렇게 모여 앉아 모히토 다섯 잔을 시켰다.
예상대로 특별할 것 없는 모히토가 나왔다. 그렇지만 나쁘지 않았다. 잔이 바닥을 보일 무렵 때마침 다가와 추가로 럼을 부어줬던 종업원의 센스 덕이었다. 그렇게 마신 두 번째 잔은 꽤나 도수가 높았다. 취기가 오르면서 우리는 각자 한국에서 어떻게 살았는지, 이번 여행을 왜 오게 됐는지, 쿠바에서 어떤 생활을 보냈는지 저마다 편하게 얘기할 수 있었다.
왠지 공부도 잘하고 운동도 잘할 것 같은 엄친아 느낌의 석연은 최근까지 미국에서 교환 학생 과정을 보냈다고 했다. 쿠바는 남미 여행길 중간에 들

▲ 왼쪽부터 수정, 광일, 재용, 석연, 창용

렀고 이후 한국으로 돌아갈 예정이라고 말했다. 그는 남에게 해코지 못 할 바른 친구 같았다. 재용은 교원 대학 졸업과 군 복무를 마치고 이제 초등학교 선생님으로 발령을 앞두고 있다고 했다. 선생이라고? 험상궂은 군인 포스였는데 이럴 수가, 반전이었다.

이렇게 함께 있는 이들이 참 고맙고 사랑스럽게 느껴졌다. 이들 중 절반은 같이 보낸 시간이 몇 시간 되지도 않았는데, 참 희한했다. 술기운이 올라서였을까, 아니면 먼 땅에서 만난 고국의 동지여서 그랬을까? 한참을 그렇게 떠들었다.

"이제 가게 문을 닫아야 할 시간입니다."

"예, 정리하고 나갈게요."

"택시 기사는 먼저 내려갔습니다."

뒤따라 내려간 곳에서 믿고 싶지 않은 말이 들려왔다.

"이제 15분밖에 안 남았어. 원점으로 돌아갈게."

또 당했다! 이거였구나. 1시간짜리 투어에 모히토 마신 시간 30분도 다 포함된다는 얘기였다. 우리는 누가 먼저랄 것도 없이 조금만 더 돌아 달라고 콧소리를 냈지만 그는 단호하게 고개를 가로저었다. 그렇게 쭉 이동해서 처음 탑승했던 카피톨리오 앞에 멈췄다. 쳇, 이렇게까지 칼같이 끝낼 줄이야. 안 되겠다 얘들아, 오늘도 술이나 마시자!

가장 맛있는
모히토
+ 영상으로 보기

밤의 말레콘,
누군가 말을 걸어왔다

말레콘 방파제에 누웠다. 날렵한 초승달은 서울의 그것보다 훨씬 가까웠고 주변에는 무수히 많은 별들이 밤하늘을 수놓고 있었다. 별자리를 잘 모르지만 어딘가에 페가수스가, 어딘가에 오리온이 있겠지. 덥지만 서늘했고 습하지만 불쾌하지 않았다. 적당히 짭짤한 공기와 적당히 시끄러운 소음에 취기가 더욱 올랐다.

와이파이를 쓰려고 함께 왔던 동생들을 모두 보내고 혼자 남아 있던 때였다. 말레콘의 깜깜한 새벽 두 시는 여전히 북적이고 있었다. 이렇게 무방비로 누워 있다 모기에 물리진 않을까, 깨끗한 옷에 얼룩이 묻진 않을까, 아니면 누군가 해코지하지는 않을까, 하는 염려가 잠깐 있었지만 개의치 않기로 했다. 그저 지금의 자유를 아무도 방해하지 않았으면 좋겠다는 생각이었다.

숨을 크게 들이마셨다. 웬 쿠바 현지 여성이 느닷없이 말을 걸어온 건 그때였다. 뭐라고 했는지는 정확히 기억나지 않지만 직감적으로 알 수 있었다. 성매매 제안이었다. 쿠바에선 이런 식으로 성매매가 이뤄진다는 걸 미리 알고 있었기에 그나마 태연한 척 할 수 있었다.

원치 않는다고 잘라 말했더니 다행히 별다른 언급 없이 자신이 속한 무리로 돌아갔다. 이 모든 과정은 아주 자연스럽고 일상적으로 느껴졌다. 조금의 부끄러움도 없어 보였다. 씁쓸하지만 돈 많은 외국인 관광객들이 말없이 가하는 폭력은 이렇듯 이들에게 무감각해져 있었다. 폭력은 거래로, 간택은 매력으로 치환될 뿐이었다. 이런 생각이 머릿속을 복잡하게 맴도는 통에 나는 편하게 누워 있을 수가 없었다. 에라이, 후퇴다.

혼자서 돌아오는 길 주변은 더욱 캄캄하고 적막하게 느껴졌다. 서둘러 돌

아가고 싶은 마음과 두려움을 내보이고 싶지 않은 마음이 갈수록 커지는 보폭에 반영됐다. 양팔도 씩씩한 군사 같이 크게 휘둘렀다. 그럴 리 없겠지만 이 좁은 골목에서 혹여 불상사가 생긴다면 마땅히 구조를 요청할 방법도 없지 않은가. 특히 주변에서 인기척이 느껴질 때면 나도 모르게 뒤로를 살피게 됐다.

물론 쿠바는 비교적 안전한 곳이다. 이번에도 별 일 없이 익숙한 골목, 요반나 앞까지 도착했다. 보관하고 있던 열쇠를 조심스레 열쇠 구멍에 끼워 넣었다. 괜히 큰 소리 냈다가 늦은 새벽에 누군가 깨우지는 않을까 염려됐다. 그렇게 딸깍, 문을 밀었다.

"형, 왜 이렇게 늦게 오셨어요?"

실내에는 아직 불이 켜져 있었다. 창용이 너 이 녀석 안 자고 기다렸구나? 석연이, 재용이, 너희도? 말레콘에서 돌아간 지 1시간이나 됐는데……. 그리고 이어서 반가운 얼굴들이 보였다. 피곤하다며 진작 들어갔던 이슬과 영민까지 모두 로비 겸 휴게실 테이블에 모여 앉아 있었다. 새벽 두시 밤길에서 우연히 조우하고서 즉흥적으로 이렇게 모여 술잔을 기울이고 있었다고 한다. 그래? 이런 자리에 내가 또 빠질 수 없지. 마시고 죽자!

- 2018년 6월 19일 여행 4일차

공산품
vs 공예품

새벽에는 순희 누님과 수정이, 이어서 오전에는 창용과 재용이 각각 공항으로 떠났다. 이제 첫날 밤 말레콘에서 만났던 한국인 멤버들 중 남은 건 나 하나였다. 솔직히 섭섭하기보단 시원하고 후련한 마음이 컸다. 우선 드디어 일정이 좀 자유로워졌다. 함께 다니는 게 좋았지만 조율하기 어려울 때가 적잖았기 때문이다. 특히 '오늘은 누가 마지막 날이네' 하면 으레 그 친구를 위해 일정을 맞춰 줘야 했다. 근데 그것도 한두 번이지. 사람만 바꿔 가며 매일 반복되다 보니 답답한 마음이 들곤 했다. 휴, 이제부턴 그럴 필요가 없었다. 옆방엔 석연이 있었지만 그 역시 나만큼이나 독립된 시간을 원하는 눈치였다. 그가 밖으로 나간 뒤부터는 정말 혼자만의 시간이 왔다.

아니, 그때부터는 5살짜리 꼬마가 말동무가 됐다. 꼬마는 까사 관리인 마네의 딸, 요반나 할머니의 손녀였다. '마나 파울라'라는 이름의 이 아이는 아역 배우 빰치게 깜찍한 외모로 여행자들의 관심을 독차지했다. 처음에는

▲ 창용과 재용이 올드카 택시를 타고 떠나던 모습

새침하게 눈길도 잘 안 주던 그의 마음을 열 수 있던 건 '린다'라는 말 덕분이었다. 순희 누님께 배운 이 말은 '예쁜 소녀'라는 뜻의 스페인어다. 딱히 할 말도 없고 해서 일주일 내내 그를 볼 때면 이 말을 지겹도록 반복했다. 그랬더니 이 짜식. 이제는 내가 지나갈 때마다 귀엽게 쪼르르 달려와서는 셀카를 찍자며 졸라 댔다. 그렇게 이 깜찍한 아이와 놀다 보면 30분씩 훌쩍 지나갔다.

"자, 선물이다."

조용히 방에서 조그마한 동전 지갑을 꺼내 왔다. 이럴 때를 위해 한국에서 미리 준비해 온 선물이었다. 공산품이 귀한 쿠바에서 이런 걸 선물하면 아주 좋아할 거라는 얘기를 참고했다. 원래는 휴대용 전자 선풍기, 이른바 '손풍기'를 사려다가, 같은 비용으로 보다 많은 사람들에게 선물을 나누기 위해 단가를 낮췄다. 여행 자금이 넉넉지 않았지만 작은 선물에 감동할 그들의 모습을 상상하며 캐리어 한쪽에 조심히 담아왔다. 그런데 어째 반응이 시큰둥했다. 파울라는 동전 지갑을 손에 쥐고 한 바퀴 돌려 보다가 금세 방에 두고 왔다. 얼마 전 아마우리에게 선물했을 때와 비슷한 반응이었다. 에이, 김새네.

아쉬운 마음을 털어 내고 플라자 호텔로 나왔다. 오랜만에 여유 있게 인터넷을 즐긴 뒤 다시 밖으로 나오는 길에, 덩치 큰 안내인이 느닷없이 대화를 걸었다. 일주일 내내 엄숙, 근엄, 진지하게 서 있던, 내가 먼저 인사를 건네도 짧고 간결하게 '올라' 하고 답하던 그였다. 그랬던 그가 이번엔 천진한 표정으로 내가 들고 있던 이른바 손풍기, 즉 휴대용 선풍기를 가리키고 씩 웃어 보였다. 오늘따라 현지인들의 시선이 더 유난하게 느껴진 건 바로 이것 때문이었나 보다.

"그거 아주 어메이징한데?"

"한국엔 이런 거 많아."

"얼마에 샀어?"

"쿠바 돈으로 5쿡쯤?"

한국 가격보다 조금 낮춰 불렀다. 한국은 기술이 발달해서 이런 최첨단 발

명품을 저렴하게 판다고 자랑하고 싶었고 그러면서 동시에 상대적 박탈감을 주고 싶지는 않았던 탓이다. 얼마 전 아바나 골목에서 마주친 한 현지인 청년이 내가 신고 있던 아디다스 운동화가 얼마냐고 물었었는데 그에게 100쿡쯤 된다고 했다가 그의 실망스런 표정을 목격했던 걸 교훈 삼았다. 그런데 그 안내인은 난데없이 지갑을 열었다. 그리고는 5쿡짜리 지폐를 꺼냈다. 으잉?

"나한테 5쿡에 팔아."

"아니, 그럴 수 없어. 미안해. 음, 저기……. 다음에 쿠바에 또 오게 되면 그때 아예 선물로 줄게."

미안하지만 그렇게 팔아 봐야 이윤도 남지 않는다. 게다가 나름 현지인들에게 선물하기 위해 사려고 했던 게 이 손풍기였는데, 이걸 팔아서 남겨 먹고 싶지도 않았다. 아니 그건 그렇고 5쿡이면 저들에게 적지 않은 돈일 텐데. 역시 공산품은 후하게 쳐주는 걸까? 동전 지갑 따위 사지 말고 손풍기나 몇 개 더 사올 걸 그랬나 싶다.

그 순간 깨달았다. 손풍기는 공산품, 동전 지갑은 공산품이 아니라 공예품이었다. 내가 그 둘을 혼동했던 것이다. 쿠바는 국내에 공장이 적고 그동안 받아온 경제 제재 탓에 수입도 어려웠다. 그래서 '공산품'이 부족하고 또 비싼 것으로 알려졌다.

공예품은 그렇지 않다. 임금도 적고 주민들 손재주도 훌륭하기 때문이다.

아바나만 해도 '산호세 시장'이라는 곳에 가면 천으로 된 지갑에 이니셜까지 새겨 주는데 고작 1쿡을 받는다고 한다. 그만큼 공예품은 흔하고 가격도 쌌다. 아마우리와 파울라가 미적지근한 반응을 보였던 것이 이제 좀 납득이 됐다. 반나절 자유 시간은 그렇게 금방 지나갔다. 어느덧 석연, 영민, 이슬과 만나기로 약속했던 시간이 됐다. 이들은 '비날레스 택시투어' 그룹이 떠난 뒤 나의 두 번째 동행 멤버가 됐다.

레게머리 꼬레아노

톡톡. 누군가 내 어깨를 쳤다. 머리를 다 땋았다는 신호였다. 비에하 광장 한가운데서 현지인의 '레게머리' 시술(?)을 받다 깜빡 졸았던 것이다. 이따금씩 고개가 떨어져서 비웃음을 샀었는데 결국 아예 대놓고 잠이 들었나 보다. 시계를 보니 벌써 시작한지 한 시간이나 됐다. 어깨를 쳤던 현지인 여성은 이내 거울을 꺼내 내 얼굴 앞에 들이밀었다.

"굿, 아주 마음에 들어요."

사실 옆머리가 붕 뜬 채로 남았던 게 영 보기 싫었다. 하지만 아쉬워하는 마음을 그에게 들키고 싶지 않았다. 이 짧은 머리를 노란 고무줄로 한 땀 한 땀 정성스레 따줬던 그에게 실망을 주고 싶지 않았다. 이제 와 어쩔 수도 없는 노릇이잖나. 마음에 든다고 하며 과장된 말투와 표정, 몸짓을 총동

원한 이유다. 물론 감춘다고 감췄지만 다 숨길 수는 없었는지 '옆머리는 너무 짧아서 땔 수가 없었다'는 해명을 연신 들어야 했다.

사실 머리를 따겠다고 결심하기까지는 앞서 꽤 오랜 고민이 있었다. 재밌을 것 같긴 했지만 휴가가 끝나면 바로 출근을 해야 할 상황이었기 때문이었다. 그때까지 다 풀리지 않으면 어쩌나, 아니면 머리가 상하진 않을까, 혹시 아예 안 어울리면 어쩌나 하는 고민도 있었다. 그렇다. 난 원래 이렇게 뭔가 하나 결정하려면 오만가지 다 고려하고 한참 뜸 들이는 스타일이었다.

'에라 모르겠다!'

기왕 이렇게 멀리까지 왔는데 까짓것 할 수 있는 것은 죄다 해봐야 하지 않겠나. 후회를 남기고 싶지 않았다. 현지인들에게도 그냥 스쳐 가는 관광객 중 하나로 보이고 싶지는 않았다. 그래서 흔쾌히 5쿡을 지불하고 나왔다. 내가 시술을 받던 자리에 이번에는 순서를 기다리던 영민이 앉았다. 그는 가발까지 동원해서 장발로 머리를 따려 했는데 이 시술을 다 마치기까지는 3~4시간이나 걸린다고 했다. 이렇게 가만히 앉아서 기다리기에는 너무 긴 시간이었다. 우리는 각자 시간을 갖다가 저녁 때 까사에서 다시 만나기로 하고 갈라졌다.

"곤니치와."

"사요나라."

홀로 광장을 나서자마자 길가에 있던 현지인들이 잇달아 말을 붙여댔다. 전에 없던 관심이 썩 나쁘진 않았다. 하지만 꽉 묶은 헤어스타일이나 일주일 가까이 기른 턱수염, 구레나룻 때문인지 일본인이라는 오해를 받아야 했다. 아니면 이곳에 원채 한국인이 얼마 없어서 연상하지 못했을 수도 있다. 굳이 그들에게 '꼬레아노(한국인)' 혹은 '꼬레아노 데 쑤르(남한 사람)'라고 일러줬다. 그렇게 오해를 받고, 또 교정해 가며 걷다 보니 금세 오비스포 거리를 거쳐 플라자 호텔에 다다랐다.

신라면 리브레

도착한 호텔 로비에서 와이파이를 켰다. 아주 반가운 메시지가 와 있었다. 어제 요반나에서 만났던 잘생긴 청년, 윤영이 '플라야 히론'에 함께 가자고 한 것이다. 잘 됐다. 일이 드디어 풀리는 구나. 출발은 내일 낮, 택시는 요반나 까사와 연결된 곳에다 부르기로 했다. 덕분에 가벼운 발걸음으로 돌아올 수 있었다.

솔직히 아바나 생활은 이제 좀 지겨워지고 있었다. 사방에 가득 들어찬 건물은 숨이 콱 막히게 했고 찌는 듯한 무더위는 이제 더 이상 싸워서 이겨내고 싶은 마음이 들지 않았기 때문이다. 그래서 얼른 다른 곳으로 넘어가고 싶었다. 지나가다 한국인만 보이면 다짜고짜 붙잡고 '히론에 갈 생각 있느냐'고 물어봤던 건 그래서였다.

아바나의 마지막 밤은 그렇게 갑자기 찾아왔다. 방에 들어와서는 가방 속에 있던 무선 키보드를 오랜만에 스마트폰과 연결했다. 정신없이 지내다 보니 그간 기록을 제대로 남기지 못한 것 같아 타이핑에 속도를 내기 시작했다. 그런데 그때쯤 아래층에서 나를 부르는 소리가 들려왔다. 어느 틈에 도착한 석연과 영민, 그리고 이슬이었다.

"정말 방에만 있을 거야?"
"응 오늘은 진짜 안 돼. 이해 좀 해줘."
"칫, 라면은 우리끼리 먹는다."
"내가 그깟 한국 라면 따위에 넘어갈 것 같아?"

그렇다. 바로 넘어갔다. 까사에 퍼지는 매콤한 스프향을 참지 못했다. 에이, 딱 한 시간 만이다! 얼른 먹고 다시 올라갈 거라 다짐했다. 보글보글 라면

INGLATERRA

끓는 소리가 혀끝의 침샘을 자극할 무렵, 누군가 휴게실 밖에서 창문을 열었다. 50대쯤 돼 보이는 한국인 부부가 창문 밖에서 빼꼼히 고개를 내밀었다. 정보북을 보기 위해 들렀다고 해놓고선 어느새 옆자리에서 같이 젓가락을 들고 있었다.

요반나 까사가 흥미로운 건 휴게실에만 앉아 있어도 이렇게 새로운 사람을 계속 만날 수 있다는 점이었다. 주변을 지나던 한국인 여행자들은 거의 대부분 요반나 창문을 흘끔 쳐다보게 된다. 창문도 어쩜 안쪽에 있는 사람들과 소통하기 딱 좋은 높이. 만나 보면 나이도 성별도 한국에서 어떻게 살았는지도 대체로 많이 다르지만 금세 또 친해질 수 있었다. 한국인이고 쿠바로 여행을 왔다는 점. 그 두 가지 공통점이 여기선 매우 크게 느껴져서 그런 게 아닐까.
부부는 아르헨티나 부에노스아이레스에 살고 있다고 했다. 현지에서 사업을 한다는데 구체적으론 묻지 않았다. 조만간 한국으로 돌아갈 예정이고 그 전에 4박 5일 동안 쿠바로 여행을 왔다고 했다. 그들은 혹시 부에노스아이레스에 있는 동안 우리가 찾아온다면 '남미식 스테이크'를 사 주겠다고 약속했다.
우리와 많게는 스무 살 가까이 차이가 날 텐데 금방 어우러졌다. 유쾌한 시간이었다. 남편 분께는 럼과 콜라를 타서 마시던 '쿠바 리브레'의 제조법을 알려드렸더니 곧잘 만드셨다. 배우자나 가족과 함께하는 여행은 고급 호텔에서 고생도 덜 하면서 해야 한다는 생각이 있었는데, 이들은 그런 편견을 깨 주었다. 그나저나 신라면과 쿠바 리브레, 이것 참 기가 막히는 조합이었다. 크, 또 취한다.

- 2018년 6월 20일 여행 5일차

세월아 네월아

"울티모?"

'당신이 이 줄에 마지막으로 선 사람인가요?'라는 뜻의 말을 스페인어로는 바로 이 세 음절로 표현할 수 있다. 항상 줄이 아주 불규칙적으로 산만하게 서 있는 쿠바의 환전소나 에떽사 앞. 여기서는 마지막쯤에 있는 사람에게 이렇게 '울티모'라고 물어야 내가 어디에 서야 할지 파악이 됐다. 물론 그렇게 해도 새치기가 꽤나 빈번하게 발생하기 때문에 예상보다 오래 기다려야 하는 상황은 늘 발생하기 마련이다. 아바나 일주일차, 그동안 여러 차례 당해가며 몸으로 익힌 교훈이었다.

그래서 오늘은 좀 넉넉하게 일찍 나왔다. 오전 10시 30분. 에떽사 부스 앞에 도착했다. '파 델 바예 공원(Parque Fe del Valle).' 첫날 늦잠에서 깬 뒤 혼자 와서 애 먹었었던 곳이라 감회가 새로웠다. 목표는 와이파이 카드. 여기서 산 카드를 다른 도시에서도 사용할 수 있다고 듣고 가 보니 부스 앞 대기줄에는 십여 명이 늘어서 있었다. 해가 푹푹 찌고 벌써부터 땀이 삐질 나오고 있었지만 그래, 쿠바에서 먹은 짬밥이 얼만데 이 정도 줄은 충분히 설 수 있었다. 나의 울티모에 고개를 끄덕인 아저씨 뒤쪽으로 자리를 잡았다.

오늘은 반드시 인터넷을 해야 했다. 잠시 후 이동하게 될 플라야 히론에는 와이파이가 되는 곳이 한 군데도 없다는 얘기를 들었기에 더욱 간절했다. 한국에 있는 사람들이 걱정하지 않게 미리 연락을 해 둬야 했고 혹시 회사나 출입처에 별다른 일은 없는지 확인해야 했다. 게다가 한국에서는 하필 이런 타이밍에 내가 맡아야 할 사회적 이슈가 터진 상황이었다. 청와대가 검찰-경찰 간 수사권조정안을 발표했다는 것이다. 경찰청 본청을 담당하는 입장에서 신경을 완전히 끊을 수 없는 이유였다. 일선 경찰서를 출입하는 후배 팀원들이 훌륭하게 커버해 주고 있겠지만 미안한 마음이 자꾸 남았다.
그런데 어찌된 영문인지 줄은 쉽사리 줄지 않았다. 히론행 택시를 타기 위해 요반나에서 윤영을 만나기로 한 게 이제 한 시간도 채 남지 않았는데……. 점점 초조해졌다. 아니 도대체 왜 이렇게 오래 걸리는 걸까? 자기 차례가 오면 부스 직원에게 돈 내고 카드 받으면 그만인 것 아닌가? 도대체 안에서 뭘 하길래 한 명 처리하는 데 5분씩이나 걸리는 걸까. 순서를 기다리던 40여 분 동안 푸념이 끊이지 않았다. 덥고 습해서 그런지 짜증이 치밀었다.

그러다 드디어 나의 차례가 됐다. 부스 앞에 섰다. 유리창 한쪽, 직원과 대화할 수 있도록 뚫어 놓은 구멍에선 별안간 냉기가 아닌 한기가 스며 나왔다. 에어컨을 세게 틀었구나. 안쪽을 보니 현지인 여성 직원이 귀찮다는 듯 무심한 표정을 짓고 있었다. 허리를 앞쪽으로 쭉 빼고서 반쯤 누워 있었고 한쪽 다리는 꼬았다. 이 더위에 내내 기다린 내 모습과 대비되어 짜증이 났지만 별 수 없었다. 나는 모든 불평을 숨기고,

"올라."

하고 천진하게 인사했다. 그러나 돌아온 건 얼마짜리 카드 몇 장이 필요하냐는 사무적인 대답이었다. 눈길도 받지 못했다.

"다섯 시간짜리 카드 3장이요."
"15쿡, 그리고 여권을 보여 주세요."

역시 또 건성이었다. 5쿡짜리 지폐 세 장과 여권을 받아 든 그는 서랍에서 노트로 된 장부를 꺼내 펼쳤다. 이어 여권에 적혀있는 내 이름과 국적, 여권 번호 등을 차례로 하나하나 꼼꼼히 기입했다. 그리고는 자리에서 일어나 뒤편으로 서너 걸음 느릿느릿 걸어간 뒤 와이파이 카드 세 장을 집어 왔다. 심지어 아까 덮었던 장부를 다시 펼쳐 카드에 적힌 일련번호를 일일이 적었다. 이 모든 과정에 의욕 따윈 눈곱만큼도 없어 보였다. 지금도 밖에는

십여 명이 기다리고 있는데……. 그런 건 별로 신경도 쓰지 않는 눈치였다. 여긴 원래 다 이런 걸까. 카드 석장을 받고 돌아섰지만 이런저런 복잡한 생각이 떠나지 않았다. 이런 방식이라면 국가 경제에도 별로 도움이 되지 않을 텐데…….

저 직원에게 판매량에 따라 성과급을 주면 어떨까. 와이파이 사업을 에떽사가 독점하지 않고 개인 사업자 간 경쟁을 거친다면 어떨까. 아니 꼭 그런 자본주의 시장 경제 체제를 도입하지 않고도 일처리를 좀 더 효율적으로 할 수 있는 방안이 있지 않을까? 일단 그 전에 저들도 이런 고민을 하기는 할까? '빨리 빨리'가 입에 붙은 한국인의 눈으로는 아무래도 이해하기가 쉽지 않았다.

어렵게 거머쥔 와이파이 카드를 10분쯤 썼을까. 벌써 약속 시간을 넘겼다. 곧장 뛰어간 요반나에는 이미 진작에 도착한 윤영이 나를 기다리고 있었다.

"미안, 정말 미안해요. 예상치 못한 일이 있었어요."

"괜찮아요. 별로 안 기다렸어요."

"고마워요. 근데 이게 다 뭐예요? 짐이 이렇게 많아요? 배낭이 두 개네."

"옆에 건 이 친구 거예요."

그제야 윤영 옆에 있던 한 여성이 눈에 보였다. 키가 작고 유난히 앳돼 보였다. 중학생? 고등학생? 이렇게 조그만 친구가 이역만리 쿠바까지 어떻게 왔을까 신기했는데 알고 보니 2년째 세계 여행 중이라고 했다. 헐. 어떤 여행을 해 왔을까. 또 이 친구에겐 어떤 사연이 있을까.

세월아
네월아
+ 영상으로 보기

성장통,
그래서 아바나

갈리카페에서 '꿀맛 랑고스타'로 마지막 식사를 하고 돌아왔다. 내 쿠바여행의 제2기 동행 멤버인 석연과 영민, 이슬이 고맙게도 우릴 배웅하겠다며 기다리고 있었다. 다만 부담스런 부탁도 함께였다. 먼저 영민이 노란색 파우치를 내밀었다.

"미안한데, 이것 좀 맡아줄 수 있을까?"
"이게 뭔데? 꽤나 무겁네."
"내 고프로 카메라랑 짐벌이라는 장비야. 고장이 났는데 마땅히 수리할 만한 곳이 없더라고. 앞으로 한 달 동안 남미 여행을 해야 하는데 무겁기도 하고 분실 위험도 있어서……."
"이거 100만 원은 족히 넘을 것 같은데? 나도 아직 일주일이나 남아서 좀 부담스럽다."

◀ 플라야 히론행 택시에 몸을 싣는 윤영, 광일

▶ 함께 떠날 이들과 배웅 나온 이들이 함께 찍은 기념사진. 왼쪽부터 이슬, 석연, 광일, 윤영, 은주, 영민

"잃어버려도 책임지라고 하지 않을게. 부탁이야, 미안해."

잠시 망설이다 결국 파우치를 내 캐리어 가방 안으로 옮겼다. 그리고 이 모습을 지켜보던 이슬과 재용도 합세했다. 현지인에게 구입한 약품 '폴리코사놀'을 맡아 달라는 것이었다. 여행을 이어가다 보면 각국의 세관을 거쳐야 할 텐데 아무래도 적발될 우려가 있다는 이유에서였다. 역시 망설였지만 결국 들어주기로 했다. 한편으론 처음 본 사람들이 이렇게까지 믿어줬다는 게 고맙기도 했다. 여행자들에게 어떻게든 도움을 줄 수 있다면 그래도 이곳에서 밥값은 하는 게 아닌가.

그렇게 더 무거워진 짐꾸러미를 짊어지고 택시에 올랐다. 달욱과 재명이, 순희 누님과 수정이, 창용과 재용이 떠날 때 그랬던 것처럼 남은 여행자들은 떠나는 우리를 배웅했다. 드디어 나도 가는구나.

"그때가 제일 신나 보였어요."

택시가 아바나를 빠져나갈 무렵 내 표정이 얼마나 밝았는지를 은주는 이렇게 기억했다. 정말 그랬다. 아바나에서 지낸 닷새. 엘리스가 나올 것 같은 이 이상한 나라에서 하루하루 놀라운 경험을 할 수 있었지만, 그만큼 피로도 컸다. 사방은 언제나 전쟁을 치른 듯 외피가 참혹하게 벗겨진 고층 건물에 둘러싸여 있었고, 이해 못할 불안감과 초조함도 여전했다. 특히 후텁지근하고 축축한 공기는 끝까지 익숙해지지 않았다.

이제 조금만 기다리면 히론 앞 바다에 풍덩 빠질 수 있을 거란 생각에 한동안 어린아이처럼 기뻐하다 놀랍게도 순식간에 잠이 들고 말았다. 마치 누군가 택시에 수면가루를 뿌려 놓은 것처럼 뒷자리에 탄 윤영과 은주도 잠에 푹 빠져 버렸다. 기사가 중간에 5~6차례 차를 멈춰 세우고 나가 담배를 피우고 돌아오는 것 같았지만 항의할 수 없었다. 일어나 보려고 짐짓 애를 써 보다가도 이내 의식을 잃었다. 반나절을 그렇게 이동했다.

아바나 여행은 이렇게 정리할 수 있겠다.

1. 불편했다.

가장 견디기 힘든 건 변기였다. 화장실에는 세라믹으로 된 원통형 좌변기가 플라스틱 덮개도 없는 상태로 아주 뻔뻔하게 놓여 있었다. 고급 호텔을 이용하지 않아서 그랬는지 몰라도 내가 겪었던 모든 아바나 화장실은 그랬다. 신체가 닿는 부분에 오물이 튀어 있지는 않을까 하는 우려에 얼마간은 참을 수 있겠지만 우리 몸은 시간을 그리 넉넉히 주지 않는다. 참다 참다 끝끝내 그런 좌변기를 쓰게 될 때는 수치감 비슷한 감정을 견뎌야 했다. 간혹 스쿼트 자세로 '비접촉 투척'이 시도되기도 하는데 부작용으로 허벅지 경련이 생길 수 있으니 주의를 요한다.

2. 불쾌했다.

퀴퀴한 매연까지는 그래도 나름 참을 만하다. 하지만 어딜 가도 끊이지 않는 시큼한 음식물 쓰레기 냄새는 끝까지 적응이 안 된다. 아바나에는 기본적으로 분리수거 문화가 없다. 집에서 나온 쓰레기들이 배출되는 곳은 골목길 한 가운데 놓인 대형 수거함이다. 얼핏 편리해 보이지만 문제는 배출량이 어마어마하다는 점. 정오가 되면 이미 수거함 주변은 난지도 쓰레기장을 방불케 한다. 당국이 매일 밤 거둬들이고는 있지만 감당이 안 되는 모양이다. 함께 버려진 음식물 쓰레기 더미는 특히 취약이다. 비 오는 날이면 주변은 거의 똥통이 된다. 시도 때도 없이 날아드는 파리와 도시에 가득 쌓인 먼지도 잊지 못할 더러움이다.

3. 불안했다.

단절을 갈구하며 찾은 곳이지만 그 단절이 결국 불안으로 이어졌다. 한국과 이역만리 떨어진 땅, 어디에 뭐가 있는지도 모르는 곳에서 구글 지도와 네이버가 안 된다는 건 장점만큼이나 단점도 명확했다. 덩치 큰 걸리버들 사이에서 유일한 동양인으로 쏘다니는 건 스스로를 자꾸 위축시켰다. 힘도 약하고 말도 통하지 않고 혼자라는 사실을 느낄 때면 주변을 자꾸 경계했다. 그러다 보면 금방 피곤해졌다. 혼자이고 싶어서 온 여행에서 함께 할 사람을 자꾸 찾게 된 이유다.

4. 만약 불편하고 불쾌하고 불안한 것을 '그게 바로 여행이다'라고 말할 수 있는 사람이라면 아바나 여행을 추천하고 싶다.

편리하고 쾌적하고 편안하게 만들어 주던 것들이 없지만 그곳에서 또 다른 기쁨과 나름대로 삶의 노하우를 찾을 수 있다. 그런 성장통은 어느 틈에 행복을 찾아가는 근육을 키워낼 것이다. 앞으로 아바나에도 머지않아 무선 인터넷이 들어오겠고 한인 민박이 생기고 그곳의 변기에는 플라스틱 커버가 설치되겠지. 꼭 그 전에 가 보길 권한다.

인터루드

쿠바의 약, 폴리코사놀(Policosanol)

폴리코사놀은 쿠바의 사탕수수 왁스에서 추출한 물질을 통칭한다. 이 물질로 만든 약이 동맥 경화 같은 심혈관계 질환을 억제하는 것으로 알려졌다. 아니, 정확히는 그런 연구가 학계에 다수 보고됐다. 중남미 국가에서는 의약품으로 쓰고 있지만 한국을 비롯한 대부분의 나라에서는 의약품이 아닌 건강 보조제나 건강 기능 식품으로 팔리고 있다. 효능에 대한 반론이 완전히 해소되지 않았다는 이유에서다.

한국에선 꽤 비싸다. 6개월 치 180알이 16~20만 원쯤에 거래되고 있다. 반면 유일한 원료 생산국인 쿠바에서는 조금 더 싸게 살 수 있다. 현지 까사 등을 통하면 180알을 사는 데 40쿡, 한국 돈으로 4만 원 정도면 된다. 다만 보통 영수증을 받을 수 없기 때문에 출국 시 세관에 걸리면 압수될 수 있다. 그런 위험을 막기 위해 현지 호텔에서 조금 더 비싼 값을 주고 영수증과 함께 살 수도 있다고 한다.

순희 누님의 경우 지난해 쿠바에 왔을 때 이 약을 구입해 하루 세 알씩 꾸준히 복용했으며 덕분에 혈관 질환에서 벗어날 수 있었다고 했다. 그래서 이번엔 아예 대량으로 구입하기 위해 재방문했고, 여행은 그저 덤으로 하고 있을 뿐이라고 했다. 그는 '뻬뻬헤'라고도 불리는 이 약을, 베다도에 있는 작은 약국에서 흥정을 통해 현지 시세보다도 훨씬 싸게 샀다.

그가 한국으로 떠나기 전날 밤 뻬뻬헤와 관련한 여러 정보들을 공유할 때만 해도 나는 별 관심이 없었다. 그러다 다음 날 윤영과 석연의 부모님도, 그리고 수정의 남자친구 부모님도 이 약을 이미 복용하고 있다는 소식을 들으면서 솔깃하게 됐다. 한국과는 시세 차익이 다섯 배라고 하니, 중고 시장에 싸게 팔아도 3~4배는 챙길 수 있지 않은가. 혹여 다 잃어도 크게 아프지 않을 만큼, 40쿡 어치를 샀다. 카메라 가방 안에 꽁꽁 숨겼더니 다행히 출입국 시에 세관에 걸리지 않았다.

쿠바로그 02

숨겨진 천국, 플라야 히론 (Playa Giron)

36℃ 사람이 따뜻한 코코비치

'넬리 앤 루비 까사' 앞에 내렸다. 은주가 시오마라 까사의 정보북을 뒤져 찾아낸 곳이었다. 시설도 나쁘지 않고 가격도 적당하니 오늘은 여기서 묵기로 했다. 슬렁슬렁 짐을 풀었더니 어느덧 오후 4시. 서둘러 짐을 풀고 밖으로 나왔다. 해가 지면 딱히 할 게 없을 것 같으니 당장 어디라도 가기로 했다.

코코비치. 까사 주인아주머니는 이곳을 추천했다. 지도에는 나오지 않았지만 왠지 설레는 이름이었다. 한적한 카리브해, 그리고 그 이름처럼 늘어선 야자나무(Coco). 민소매 상의와 수영복 바지를 입고 가벼운 어깨로 그곳을 향해 걸었다.

"형, 쿠바 와서 바다는 처음이겠네요?"

사실 따지고 보면 아바나에서 매일 같이 가던 말레콘도 바다는 바다였다. 하지만 이렇게 모래사장을 거쳐 직접 물속에 뛰어드는 건 이번이 처음이었다. 게다가 여긴 말로만 듣던 카리브해! 북쪽의 말레콘과는 엄연히 다른 바다였다. 카리브해는 이곳 쿠바섬 남쪽부터 남아메리카 대륙 위쪽까지를 지칭했다. 고로 말레콘은 카리브해가 아니었다.

1km 가까이 걸어가 코코비치에 도착했다. 첫인상은 좀 흉측한 느낌이었다. 어딘가에서 밀려온 나뭇가지들이 모래사장 위에 지저분하게 널려 있었고 그 사이엔 해초가 넝쿨처럼 뒤엉켜 있었다. 해수욕장의 규모는 컸지만 이렇다 할 관리인이 없어서인지 그런 것들이 지저분하게 방치돼 있었다.

'태풍이 훑고 간 뒤 바다가 뒤집어졌다'는 소문은 이걸 보고 하는 말이었나 보다. 아울러 물빛도 예상했던 에메랄드가 아니었다. 좀 보태어 말하면 서해 을왕리나 대천해수욕장 같은 느낌이었다.

다행히 물속은 좀 달랐다. 나의 첫 카리브해는 얕고 따뜻했다. 체온과 적당히 비슷한 수온, 36.5°C쯤 되지 않았을까. 경사가 완만해서 한참을 멀리 걸어 나갈 수 있었고 염도가 높아서 그런지 몸이 쉽게 떴다. 파도는 순했다. 수면 위에 누워 몸에 힘을 뺐더니 우와, 세상을 다 가진 기분에 여기가 정말 천국인가 싶었다. 햇살이 강해 눈부셨지만 눈만 질끈 감으면 해결될 문제였다. 이대로 밖으로 나가고 싶지 않았다. 그렇게 몇 분 동안을 누워만 있었다.
'켁켁!' 난데없는 물벼락이 얼굴을 적셨다. 꿈같던 명상이 깨졌다. 뭐야, 누구야? 손바닥으로 얼굴을 쓸어내리며 몸을 일으켰다. 용의 선상에 오른 건 옆을 지나던 현지인 소녀였다. 우리로 치면 초등학생쯤 돼 보이는 어린 아이였다. 머쓱해하는 걸 보니 진범이 확실했다. 그가 물장구를 칠 때 튀어 오른 바닷물이 무고한 내 얼굴로 향한 것으로 추정됐다. 그런데 이 아이의 까무잡잡한 피부에 천진난만한 표정을 보니 어릴 때 봤던 디즈니 애니메이션 〈포카혼타스〉가 떠올랐다. 아이는 민망한 듯 살짝 웃음 짓더니 물속으로 숨었다. 자기 몸통만한 나무 막대기를 들고서도 유연하게 물속을 누볐다.

"올라."

그에게 인사를 건넨 뒤 고프로 카메라를 들이댔다. 소녀는 이내 뒤를 돌더니 저편에 있는 벗들을 향해 손가락을 까딱까딱 접어 보였다. 금세 비슷한 또래 아이 대여섯 명이 우르르 몰려 들었다. 그리고는 카메라를 향해 혀를 내미는가 하면 서로를 밀치며 온갖 재롱을 떨었다.

그중에 유난히 피부가 하얗고 똘망똘망한 눈망울을 가진 소년이 있었다. 소년은 느닷없이 손에 쥐고 있던 게를 휙 내밀었다. 게는 살아 있었다. 주황색 알을 가득 품은 채로 느리지만 집게발도 움직였다. 우와, 우와. 신기해하는 반응을 보였더니 게 한 마리를 연신 흔들며 자랑했다. 얘야, 나 사실 지난주에도 봤어. 마포 진미게장에서. 듣던 대로 밥도둑이더라.

그렇게 아이들과 한참 동안 정다운 시간을 보냈다. 알고 있는 스페인어를 총 동원했지만 대답을 알아들을 수 없었고 결국 나는 한국말로 그들은 스페인어로 제각기 떠들었다. 그래도 마음은 통했다. 오랜만에 티 없이 맑은 아이들과 놀다 보니 어느덧 나까지 덩달아 순수해진 느낌이었다. 물론 그냥 내 느낌이 그랬다는 거다.

"꼬레아? 하뽄? 치노?"

어디선가 걸걸한 목소리가 들렸다. 나한테 하는 말인가? 뒤를 돌아보니 인상 좋은 한 현지인 아저씨가 이쪽을 쳐다보며 넉넉한 웃음을 짓고 있었다. 그는 가슴 윗부분만 물 밖에 내놓은 채로 반쯤 누워 있었고, 한 손엔 커다란 럼주 한 병이 들려 있었다. 주위에는 그의 가족으로 보이는 사람들이 퍼져 있었다.

"요 쏘 꼬레아노, 꼬레아노 쑤르(한국인입니다. 남한이요)."

한 걸음 다가섰다. 그와의 대화가 싫지만은 않다는 나름의 표현이었다. 그랬더니 그는 얼른 플라스틱 컵에 럼을 한 잔 따른 뒤 내게 권했다. 모르는 사람이 건네는 술은 마시는 게 아니라던데, 먼저 마셔보라 할까. 오만 가지 생각이 들었다. 하지만 호의를 거절하기도 곤란한 상황이었다. 에이, 마시자. 이 평화로운 해변에서 설마 무슨 일이 있을까.

크ㅇㅇㅇㅇㅇㅇㅇ.

소주 마실 때나 내던 끓는 소리가 나도 모르게 튀어 나왔다. 럼주는 사실 꽤나 독해서 마실 때마다 목을 이렇게 긁지 않을 수 없었다. 그러자 이 모습을 지켜보던 아저씨와 가족은 까르르 웃어 댔다. 왜, 우리나라 사람들도 외국인이 한식을 맛있게 먹으면 이렇게 좋아하지 않나. 딱 그런 꼴이었다. 신나게 놀고 다시 까사로 돌아가는 길, 어둑해진 해변을 뒤로 하고 해는 지평선 쪽으로 뉘엿뉘엿 떨어지기 시작했다. 하늘은 근사하게 붉어졌고 한껏 들떠 있던 우리 마음도 슬며시 누그러졌다.

"지금 뭐가 제일 먹고 싶은 줄 알아?"

"뭐요?"

"육개장 컵라면. 그 왜, 면발 얇은 거 있잖아."

"으아아아아아."

"한국 가면 꼭 먹자."

36℃ 사람이 따뜻한
코코비치
+ 영상으로 보기

개와 닭이 짖는 작은 마을

윤영이 씻는 동안 위층 발코니로 혼자 나왔다. 그런데 이곳, 뭔가 허전했다. 나와 보니 발코니가 아니라 좌우가 뻥 뚫린 옥상이었다. 바닥의 판넬 형태의 콘크리트는 코팅되지 않아 거친 잿빛이었다. 끝부분엔 별다른 안전장치가 없어 그야말로 낭떠러지였다. 걸터앉으면 좋았겠지만 위험해 보여서 반보쯤 뒤로 떨어져 가부좌를 틀었다.

해는 떨어졌지만 완전히 어두워지지 않았고 아직 조금의 빛이 감돌고 있었다. 습하지만 적당하게 불어오는 바람이 피부에 착 하고 감겼다. 가로등이 켜진 중심 도로에는 말과 마차가 지나갔고, 스쿠터가 뒤따랐고, 사람들이 떠도는 소리와 개와 닭이 짖는 소리가 들렸다. 평온했고, 평안했다.

발밑에 보이는 왕복 2차선 도로는 플라야 히론의 '동맥' 같은 길이다. 사실 이 마을은 바로 저 도로, 그리고 좌우에 여유 있게 늘어선 주택이 전부였다. 전체 가구 수는 50호도 안 돼 보였다. 주민들은 대부분 해변을 찾아오

는 관광객을 대상으로 숙박업을 한다고 했다.

"쿠바 사람들이 이런 데 올라와서 하루 종일 밖을 쳐다보는 게, 지나가는 사람들만 쳐다보고 있는 게 처음에는 이해가 안 됐어요."

불쑥 나타난 윤영이 담배에 불을 붙이며 이렇게 말했다. 그리고는 '쿠바 살이' 이 주쯤 되니 언젠가부터 자신도 똑같이 그러고 있었다며 별 일 없이 멍 때리는 일이 어느덧 익숙해졌다고 했다. 그러고 보니 나도 그랬다. 지금도 이렇게 앉아 사람 구경을 하고 있었으니 말이다.
개운하게 씻고 1층에 내려왔다. 윤영과 은주는 식탁에 앉아 대기하고 있었다. 때마침 까사에 미리 주문해 놨던 저녁 식사가 나왔다. 이곳 넬리 앤 루비 까사에서는 5쿡의 추가 요금을 내면 주인 부부가 저녁 식사를 현지식으로 차려 줬다. 밥과 카레, 치킨 바비큐와 샐러드가 나왔다. 샐러드로는 아보카도, 오이, 토마토, 호박 등이 있었다. 입맛에는 충분히 맞았다. 다만 아쉽게도 이런 훌륭한 밥상에 한 가지 중요한 게 빠져 있었다.

"실례합니다. 여기 혹시 맥주 있나요?"
"몇 캔 필요한가요?"
"한 사람당 2캔씩. 6캔 정도면 적당하겠네요."

고개를 끄덕이며 방긋 미소 짓는 주인아저씨를 보고 오랜만에 쉽게 소통이 된 것 같아 만족스러웠다. 그런데 그는 냉큼 자전거를 꺼내 밖으로 나가버렸다. 이건 무슨 시추에이션이지?
그가 돌아왔을 땐 손에 맥주 캔이 들려 있었다. 근처 마트에서 사 왔다고 했다. 본의 아니게 오밤중에 심부름을 시켰구나. 이럴 줄 알았다면 그냥 물만 마셔도 됐을 텐데……. 그렇게 미안한 마음도 잠시, 우리는 순식간에 각 2캔씩 비우고 방으로 올라왔다. 나는 금세 잠에 들었지만 윤영은 그러지 못했다고 한다. 코 고는 소리가 너무 컸다나 뭐라나. 음, 누가 골았을까? 난 잘 모르겠다.

- 2018년 6월 21일 여행 6일차

개와 닭이 짖는
작은 마을
영상으로 보기

알코올 중독,
칼레타 부에나

청량한 하늘과 그 하늘색을 똑 닮은 드넓은 바다, 한쪽에는 시커먼 바위가 그 바다를 가두어 천연 풀장을 만들었고 풀장에는 건장한 청년이 헤드퍼스트 다이빙으로 지체 없이 뛰어들었다. 그가 스노클링 장비를 차고 바라본 투명한 물속에는 열대어 수십 마리가 슬렁슬렁 꼬리를 쳤고 출출할 때쯤 나와 보니 테라스엔 점심 뷔페가 마련돼 있었다. 치킨으로 배를 불린 뒤 선베드에 누워 생맥주와 칵테일, 그러니까 모히토나 쿠바리브레 따위를 무제한으로 마셨는데 이 모든 게 단돈 15쿡으로 해결됐다고 한다. 우리 돈으로 겨우 1만 5천 원이었다.

이는 내가 즐겨보던 유튜브 여행전문채널에 올라온 쿠바 영상을 무심코 틀었다가 5차례 이상 돌려 보게 된 잊을 수 없는 영상의 내용이었다. 작은 마을 '플라야 히론'에 있는 '칼레타 부에나'라는 해변은 15쿡이면 이렇게 '올인클루시브(All-Inclusive)'로 즐길 수 있다고 했다. 한국인은 물론 오래 전

부터 쿠바를 여행해 온 서양인들에게도 아직 입소문이 많이 나지 않은 곳이었다. 나는 영상에서 '숨겨진 천국'이라는 자막을 보며 무릎을 탁 쳤었다.

그리고 드디어 오늘, 바로 그 숨겨진 천국에 도착했다. 넬리 앤 루비 까사 맞은편에서 아침 9시 30분에 출발하는 셔틀 버스를 타고 30분쯤 달려서 왔다. 15쿡을 내고 입구를 통과하니 어림잡아 한강 세빛둥둥섬 정도 되는 크기의 공간이 나왔다. 이제 이곳에선 뭘 해도 공짜였다. 선베드도, 물놀이도, 밥도, 그리고 술까지도!
칵테일이 무제한이라니! 한가운데 있는 부스엔 항상 바텐더가 대기하고 있었다. 그는 생맥주나 럼, 각종 칵테일을 만들어 플라스틱 컵에 담아 주었다. 원하면 언제든 마음껏 마실 수 있었다. 우리는 시시때때로 이곳을 찾았고 한 사람당 열 잔 정도씩 마셨다. 그 덕분에 오늘은 하루 종일 내내 구름 위를 걷는 느낌이었다.
첫 잔은 역시 모히토. 모히토 잎의 싸한 맛이 특히 강한 것이었다. 한 잔 받아 들고 곧바로 바다로 나왔다. 선베드를 90도에서 180도 사이 어딘가 적당한 각도로 젖히고 누웠다. 감았던 눈을 떠 보니 청명한 하늘에 속이 뻥 뚫리는 느낌이 들었다. 그 아래로 몽실몽실한 구름, 수평선, 파란 바다가 차례로 보였다. 볕이 쨍쨍하지만 그늘 아래 자리를 잡아 시원한 바람을 맞았다. 왼손에는 청록색 모히토 잔이 들려 있고 주변은 고요했다. 윤영과 은주는 한 잔 더 받아 오겠다고 자리를 떴고 블루투스 스피커를 통해 흘러나오는 음악은 마음을 녹였다. 낙원이었다.

'꿈이라고 해도 좋을 만큼, 그 모든 순간이 눈부셨다'는 노랫말은 분명히 이곳 칼레타 부에나를 그리고 있었다. 섬세한 피아노 선율은 살랑거리는 바닷바람을, 리드미컬한 드럼 스네어는 연신 바위를 치는 파도를 닮았다. 자칫 허전할 만한 공간에 맛깔난 애드리브를 던지는 일렉 기타는 이따금씩 끼룩끼룩거리는 갈매기와 닮았다. 이곳에서의 모든 순간이 그랬다.

그렇게 한 시간쯤 누워 있다 바다로 뛰어 들었다. 모래사장 대신 구멍이 송송 뚫린 바위가 가득했다. 좌우로 쭉 뻗은 바위가 바다를 막아 호수를 형성했고, 바로 이 호수가 거대한 풀장이 되었다. 물이 생각보다 너무 차서 처음에는 오들오들 떨어야 했지만 그것도 잠깐이었다. 둥둥 뜬 상태로 긴장을 풀면 말 그대로 천국이 따로 없었다. 스노클링을 차고 물속을 바라볼 때는 형형색색 열대어도 구경할 수 있었다.

알코올 중독
칼레타 부에나
+ 영상으로 보기

Another World

"돌아가. 영업 끝났어."

"오후에 와도 된다며."

"점심시간 전까지는 결정했어야지. 술 마셨단 말이야."

"아깐 그런 말 없었잖아. 그냥 해 줘."

머리가 희끗한 중년의 다이빙 가이드가 고개를 가로저었다. 이럴 수가. 오후 한 시밖에 안 됐는데 벌써 영업을 접는다고? 장사할 마음이 있긴 한 거야? 이곳 칼레타 부에나에선 15쿡이면 대부분의 시설이 공짜라지만 예외가 아예 없는 건 아니었다. 스쿠버 다이빙의 경우 30쿡의 추가 비용이 발생한다. 뭐, 그래도 따지고 보면 아주 싸다. 한국 돈으로는 3만 원 정도로 다른 나라 시세와 비교하면 거의 거저라고 볼 수 있는 가격이었다. 안전할까? 하는 염려가 해소되지 않아 망설였지만 그래도 이렇게 싼데 그냥 가면 후회

할 것 같았다.

큰맘 먹고 찾아간 자리에서 문전 박대를 당한 건 전연 뜻밖이었다. 아쉬운 마음에 우린 돌아가면서 갖은 아양을 떨었고 우기고 우겨서 기어코 가이드를 끌어냈다. 근데 잠깐. 술을 마셨다고? 그런 사람이 우리를 안내한다는 건가? 강습은 엉겁결에 시작됐다. 좀 불안하긴 했지만 무슨 일이야 있겠는가. 일단 가까운 바다만 돌게 해 주겠다는 말을 들었다. 보트를 타고 먼 바다로 나가기엔 시간이 너무 늦었다는 이유에서였다. '참나, 이런 게 어딨어. 너무 아쉽네'라고 허세를 좀 떨었지만 내심 다행이란 생각이 지배적이었다. 그나마 위험은 좀 덜할 테니. 술 취한 배불뚝이 아저씨 한 명이 우리의 안전을 책임진다는 게 끝끝내 못 미더웠다. 그래도 이제와 뭐 어쩌겠나. 각자 몸에 맞는 슈트를 입고 산소통과 오리발을 챙겨 나왔다. 물가에 서서 기초적인 안전 교육을 받았다. 다이빙 자격증까지 있다는 은주는 제법 능숙해 보였다. 다이빙이 두 번째인 나와, 심지어 처음이라는 윤영은 살짝 긴장한 모습이었다.

"다음은 이퀄라이징(Equalizing). 수심이 깊어질 때마다 코를 손으로 막고 숨을 강하게 내쉬어 기압을 맞춰야……."

귀를 쫑긋 세우고 집중했다. 그런데 그 무렵 어디선가 또 다른 가이드가 헐레벌떡 뛰어왔다. 그는 창고에서 자신의 장비를 급하게 챙겨 나갔고 20여 분이 지나서야 풀이 죽은 채로 돌아왔다. 우리 가이드는 그와 스페인어로 대화를 나눈 뒤 미간을 찡그렸다. 무슨 일 있는 거 아니야? 불안한 마음에 어찌된 영문인지 물었다가 충격적인 대답을 들어야 했다.

"왜, 무슨 일이에요?"

"사람이 죽었다는 데요."

뭐라고? 여기에서? 귀를 의심했다. 한 독일 남성이 스노클링이나 스쿠버 다이빙 장비를 착용하지 않은 상태로 바위에서 맨몸으로 낙하하며 놀다 심장이 멎었다고 했다. 이 황당한 상황이 믿기지 않아 여러 차례 다시 물었지만 돌아오는 답은 매번 같았다.

경찰이 출동해 폴리스라인을 설치하고 기자들이 우르르 몰려와 마이크를 들이대는 모습, 우리나라 같았으면 이쯤에서 이런 드라마틱한 상황이 연출됐을 것이다. 지난 4년 동안 유독 사망사고 현장을 자주 나갔던 나였기에 특히 그런 예상이 가능했다. 하지만 이곳 시설은 폐쇄되지 않았다. 가이드는 강습을 강행했고 심지어 태연한 표정으로 너스레를 떨었다. 그게 또 너무 자연스러워서 나 역시도 실감이 잘 나지 않았다. 뭔가 현실과 상상이 뒤죽박죽되고 이상한 나라에 들어 와버린 느낌이었다. 그래, 내가 잘못 알아들었겠지. 사람이 죽었다는 건 그저 과장된 표현일 거야. 그렇게 현실을 부정하려던 내게 이번에는 배불뚝이 가이드가 직접 쐐기를 박았다.

"He has gone to the another world."

그가 다른 세상으로 가 버렸다고? 헉! 농담 반 진담 반으로 했던 그의 말이 자꾸 떠올라서 다이빙하는 내내 온몸에 힘이 꽉 들어갔다. 물속에서도 내 몸은 스스로 지켜야 한다고 이따금씩 되뇌었다. 가이드는 때론 앞서거니 때론 뒤서거니 하며 셋을 이끌었지만 안전을 그리 엄격히 관리하는 것 같지는 않아 보였다. 긴장의 끈을 놓지 않고 산소통 기압을 끊임없이 확인해야 했던 이유다.

다행히 별 탈 없이 수면 위로 올라왔다. 계획보다 훨씬 길게, 한 시간 가까이 물속에 있었다. 게, 해파리, 그리고 열대어 수백 마리까지. 환상적인 바닷속 세계는 은주와 내가 갖고 들어갔던 고프로 카메라에 선명하게 찍혔다. 이퀄라이징을 제대로 익히지 못해 수면 언저리에서 헤매던 윤영과, 꿋꿋이 마이웨이로 제 갈길 가는 가이드의 모습까지.
그리고는 마을로 돌아가는 셔틀 버스를 기다리며 또 다시 칵테일 네댓 잔을 홀짝홀짝 마셔 댔다. 기진맥진, 노곤한 몸에 취기가 올랐고 서늘한 바람까지 불어오자 연신 테이블에 팔을 기대고 엎드려졌다. 이어 30분이나 늦게 도착한 버스를 탄 뒤 우리는 누가 먼저랄 것도 없이 단숨에 곯아떨어졌다.

Another
World
+ 영상으로 보기

연착

또 연착

"헤이 꼬레아노, 언제까지 잘 거야?"

익숙한 중저음. 스쿠버 다이빙 가이드를 했었던 배불뚝이 빡빡이 아저씨였다. 뒷좌석에 앉아 있던 그가 직감적으로 깨워준 덕분에 우리는 까사 앞 정류장에서 내릴 수 있었다. 가슴을 쓸어내리던 것도 잠시. 시계 바늘은 오후 5시를 향하고 있었다. 트리니다드행 비아술 버스 막차를 타려면 5시까지는 와야 한다고 했었는데, 곧장 뛰어도 제 시각에 도착하긴 어려울 것 같았다. 그냥 포기하고 하루 더 남아야 할까? 그래도 혹시나 하는 마음에 급히 짐을 챙겨 나왔다. 이전부터 하루 더 남겠다고 했었던 은주를 뒤로 하고 윤영과 둘이 나왔다.

"은주 너도 내일은 트리니다드로 올 거지? 또 만나자."

▲ 버스 안에서 찍은 석양

"에이 오빠들, 버스 놓치고 다시 까사로 돌아올 것 같은데?"
"아니야. 혹시 몰라. 왠지 느낌이 그래."

'드르륵 드르륵' 어설프게 포장된 도로에 캐리어 가방 바퀴가 거친 파열음을 냈다. 이러다 바퀴가 빠져 버릴까 걱정도 됐지만, 그렇다고 세월아 네월아 천천히 갈 상황도 아니었다. 그렇게 15분쯤 걸었을까. 오후 5시 30분쯤 터미널에 도착했다.

"버스 갔나요?"
"아직 안 왔어요. 조금 더 기다려요."

예상치 못한 전개에 헛웃음이 나왔다. 승객인 우리도 늦었지만, 버스가 더 늦어 버려 놓치지 않았던 웃지 못할 상황이었다. 쿠바에서 시간 약속이 어그러지는 일들은 종종 있어 왔지만 이번에는 덕분에 위기를 넘긴 셈이었다. 가자! 트리니다드로!

그렇게 두어 시간 뒤 트리니다드에 도착했을 땐 이미 캄캄한 밤이었다. 숙소 여러 곳을 찬찬히 둘러보며 묵을 곳을 찾고 싶었지만 이미 너무 늦었고 배도 고팠다. 무엇보다 빨리 씻고 싶었다. 그러고 보니 칼레타 부에나에서 스쿠버 다이빙을 한 뒤 여지껏 샤워도 제대로 하지 못한 터였다. 장비를 반납하면서 물이 졸졸 흐르는 세척용 호스로 간단히 몸에 물을 끼얹었던 게 전부였다. 우리는 일단 한국인들이 가장 많이 찾는다는 차메로 까사로 직행했다.

"올라, 아뇽하쎄효."

차메로는 듣던 대로 호탕한 웃음과 어쭙잖은 한국말로 우리를 반겼다. 그리고는 곧바로 '칸찬차라' 두 잔을 유리병에 가득 담아 내왔다. 칸찬차라는 럼과 사이다, 꿀을 베이스로 만든 쿠바 전통 칵테일인데 달콤쌉쌀하면서도 톡 쏘는 맛이 일품이었다. 덕분에 갈증이 싹 가셨다.
윤영과 나는 2층 도미토리에 간단히 짐을 풀었다. 이때껏 모든 일정을 내 위주로 맞춰줬던 그에게 넓은 침대를 양보했지만 그는 끝끝내 마다하고

불편한 구석 자리로 들어갔다. 하는 수 없이 오늘도 좋은 자리는 나의 몫이었다.

우리는 차메로의 소개로 주변에 있던 근사한 루프탑 레스토랑에서 늦은 저녁 식사를 한 뒤 인터넷을 하기 위해 근처 공원을 찾았다. 그런데 황당하게도 공원에는 수많은 인파가 몰려 있었다. 대형 무대에서는 콘서트가 한창이었고 무슨 축제 같은 걸 한다고 했다. 사람이 많아서 그런지 인터넷이 자꾸 끊겨서 우리는 조금 더 먼 곳에 들러서야 와이파이를 켤 수 있었다. 그리고는 방으로 돌아와 잠에 들었다. 트리니다드, 이곳에선 또 어떤 일들이 기다리고 있을까?

- 2018년 6월 22일 여행 7일차

인터루드

쿠바의 술, 럼주(Rum)

쿠바 술의 정수는 럼에 있다고 해도 과언이 아닐 것이다. 럼은 쿠바에 널린 사탕수수를 발효해 만든다. 대표적인 럼은 '아바나 클럽'으로 주로 3년산과 7년산이 팔리고 있다. 럼에 여러 재료들을 섞어 다이키리나 모히토, 쿠바 리브레 등 칵테일을 만들어 마실 수도 있다. 투명한 빛의 아바나 클럽은 칵테일을 제조하기에 좋고 새로 출시된 위스키 빛 아바나 클럽은 스트레이트로 마시기 좋다고 한다. 물론 교차해도 상관없다. 맛은 둘 다 좋고 가격도 착하다.

맥주도 그럭저럭 나쁘지 않다. 쿠바에서 맥주는 부카네로와 크리스탈, 이렇게 두 종류가 생산되고 있다. 크리스탈은 동남아 맥주처럼 부드럽고 목 넘김이 좋다. 부카네로는 유럽의 맥주처럼 진한 맛이 일품이다.

쿠바로그 03

이상한 나라의 트리니다드 (Trinidad)

모두 혼자 왔지만

"광일, 트리니다드에 있죠? 수정이 좀 도와줘요. 짐이 좀 많대요. 터미널에 오후 1시쯤 도착한다던데……."

와이파이 연결에 겨우 성공하고서 가장 먼저 확인한 메시지가 순희 누님의 이 곤란한 부탁이었다. 짐 잠깐 들어주는 거야 뭐, 어렵지 않다. 하지만 비아술 버스가 얼마나 불규칙한지 바로 어제 경험하지 않았는가. '한 시쯤'이라고 하면 30분은 먼저 가서 기다려야 할 텐데, 언제 도착할지 가늠이 안 됐다. 한국 같았으면 연락을 주고받다 도착할 즈음 맞춰 나갈 수가 있었겠지만 인터넷이 어려운 이곳에선 사정이 전혀 달랐다. 윤영을 혼자 남기고 혼자 가기도, 그렇다고 수정이 누군지도 모르는 윤영을 이 무더위에 끌고 가기도 마뜩잖았다.
야속하게도 와이파이는 금방 다시 끊어져 버렸다. 어제 내렸던 폭우로 공유기가 고장 난 것 같다는 까사 주인의 설명을 들었다. 이럴 수가. 아침 일찍 일어나 이곳 '레오나로드 까사'로 옮겨 온 이유가 바로 방 안에서 시원하게 와이파이를 할 수 있다는 것, 그거 하나 때문이었는데. 실망스럽기 그지 없었다.

이제 뭘 어째야 할지 조금 아득했지만 일단은 당장 꼼짝 없이 수정을 데리러 가야 했다. 혹 늑장을 피우다 길이 엇갈리면 몇 시간씩 허비하게 될 게 불을 보듯 뻔했다. 윤영과 함께 곧장 터미널이 있는 북동쪽 고지대를 향해 걸었다. 완만한 언덕길이었다.

"형 저기 저 사람 좀 봐요. 자기보다 더 큰 짐을 메고 오네요."

"그러네? 꼭 군장 메고 있는 것 같다야."

"근데 저거 은주 같지 않아요?"

"어? 은주 맞네, 은주야!"

멀리서 홀로 터벅터벅 걸어오던 동양인 소녀는 은주였다. 혼자서 히론에 하루 더 남아 있다 아침 일찍 비아술 버스를 타고 넘어온 것이다. 금방 만날 거라고 예상은 했지만 이렇게 쉽게 볼 줄이야. 그것도 길거리에서! 하루 만에 만난 우리는 얼싸안고 펄쩍펄쩍 뛰었다.

"형 그러면 그 버스에 그분도 타고 있지 않았을까요?"

"누구, 수정이? 은주야 혹시 수정이 봤니?"

"누구요? 저는 모르는 사람인 것 같은데요."

"아 그렇지. 안 되겠다. 나 얼른 뛸게. 차메로네서 다시 만나자."

헥헥. 뜀박질 10분 만에 땀이 비 오듯 쏟아졌다. 쉬러 왔는데 왜 이렇게까지 고생해야 하나. 가만히 있어도 기압에 짓눌리는 듯한 '압도적인' 더위였다. 그나마 좀 안심한 건 바라데로에서 출발한 비아술이 아직 도착하지 않았다는 터미널 관계자의 말이었다.

하지만 수정이 탄 버스는 이후에도 좀처럼 보이지 않았다. 기약 없는 기다림에 딱히 할 것도 없고 무료한 시간을 보내야 했다. 이럴 줄 알았으면 책이라도 한 권 가져올 걸. 인터넷도 되지 않고 말할 사람도 없었다. 선반에 올려진 TV를 봤지만 도통 무슨 소린지 알아들을 수가 없으니 보나 마나였다. 무엇보다 '이렇게 기다렸는데 끝까지 안 보이면 어떡하지?' 하는 의심이 더해져 답답함은 더욱 커져만 갔다. 그렇게 한 시간쯤 기다렸을까. 고개만 푹 숙이고 멍하니 있을 때였다. 막 들어오는 버스 차창에 기다리던 낯익은 얼굴이 보였다.

수정은 다른 승객을 모두 제치고 가장 먼저 내렸다. 두 눈을 치켜뜨고 괴성을 지르며 이쪽으로 뛰어왔다. 그 모습이 '들소' 같았다고 하면 과장일까. 그래도 이게 얼마 만이냐. 낯선 곳에서 다시 만나니 반가움은 곱절이었다. 야속하단 생각도 힘들었다는 투정도 쏙 들어갔다. 반갑다, 친구야! 이제 얼른 애들한테 가자꾸나. 일단 그가 질질 끌고 나오던 무거운 백팩을 대신 받

아 들었다. 허이짜. 무겁긴 무겁구나.

그때였다. 등 뒤로 웬 남자가 하나 다가왔다. 누구세요? 얼핏 보면 현지인처럼 보였는데 한국말을 했다. 아니, 한국 사람이었다. 트리니다드를 혼자 여행 중인 청년. 본인도 순희 누님 연락을 받고 왔다고 했다. 내게 답장을 받지 못했던 순희 누님이 그에게도 연락을 해 놓은 것이었다. 이름은 이상규. 여행자들 사이에선 '꼬뀨'라는 닉네임으로 불렸고 두어 달 전부터 이곳에서 살사를 배우고 있다고 했다.

셋이서 그렇게 어리둥절 멋쩍어 하고 있을 즈음 버스에서는 또 다른 한국인이 뒤따라 내렸다. 그는 50대쯤 돼 보이는 중년 남성으로 그 나이대 아저씨들이 즐겨 입을 만한, 하지만 여기서는 조금 낯설어 보이는 눈에 띄는 파란색 등산복을 입고 있었다. 수정이 그를 우리에게 소개했다. 혼자 여행을 오셨는데 며칠 전 멕시코에서 휴대 전화를 잃어버렸다고 했다.

별 문제 아니라며 씩 하고 웃어 보이는 그를 우리는 카리요 광장(Plaza Carrillo)으로 안내했다. 지금쯤 애태우고 있을 가족들에게 생존 신고라도 하시려면 일단 인터넷을 잡아야 했기 때문이다. 나와 수정, 꼬규와 등산복 아저씨. 각자 개성이 뚜렷한, 그래서 되게 어울릴 것 같지 않은 네 사람은 그렇게 이 낯선 트리니다드 골목을 함께 걷게 됐다.

뜨거운 광장을 거쳐 차메로 까사로 가는 길. 사전 조사를 전혀 하지 못했다는 등산복 아저씨를 포함해 네 사람 모두 함께 가게 됐다. 까사에서는 먼저 와서 기다리던 윤영과 은주가 합세했다. 우리는 여섯 명으로 이뤄진 대군단이 됐다. 모두 혼자 왔지만 여기선 함께였다.

아이고 머리야. 생각보다 인원이 너무 많아졌다. 혼자만의 시간도 좀 갖고 싶었지만 나를 중심으로 그룹이 엮인 터라 이제 와서 따로 움직이겠다고 발 뺄 수도 없었다. 어쩔 수 없지 뭐. 어쩌면 훨씬 효율적이고 다채로운 여행을 할 수 있을 지도 몰랐다. 2주나 먼저 와있었던 '꼬규'라는 든든한 가이드가 함께 하니까. 그가 우리를 살사 강습소로 안내한다고 하니, 그럭저럭 나쁘지 않을 것 같았다.

우리는 그 전에 일단 간단히 배나 좀 채우자며 카페를 찾아 나섰다. 좋은 카페가 많다는 언덕 위에 올랐다. 파랗게 맑은 하늘과 하얀 구름, 형형색색의 낮은 건물이 한눈에 들어왔다. 역시 트리니다드, 세상에서 가장 아름다운 도시다.

마른하늘에 날벼락

꼬뀨가 강력 추천한 이 카페에는 신기한 것들이 많았다. 파스텔톤 벽에는 온갖 문양과 문자가 쓰여 있었고, 그 위에는 이국적인 그림이 액자에 걸려 있었다. 테이블에는 오래 전 실제로 사용했던 것으로 보이는 먼지 쌓인 타자기가 놓여 있었다. 천장에는 밧줄로 고정된 의자가 거꾸로, 위태롭게 매달려 있었다. 부(富)를 준다는 이곳 무속 신앙이 반영됐다고 하던데 정말 그런지는 모르겠다.

우리는 커피와 샌드위치를 시켰고, 이걸로 간단히 요기를 하면서 서로에 관해 묻고 답했다. 제법 진지한 대화가 오갔다. 어디서 뭐하고 사세요, 그 일은 왜 하세요, 어떨 때 보람을 느끼나요 등의 대화를 이어갔다. 덕분에 물리 치료사로 일하던 윤영은 최근 직장을 그만뒀고, 배우인 수정은 국내 대기업의 지원을 받아 미국 대학에서 유학 중이었으며, 꼬뀨는 학군 장교를 하면서 모은 월급으로 평생의 소원이었던 세계 여행 중이라는 것을 알

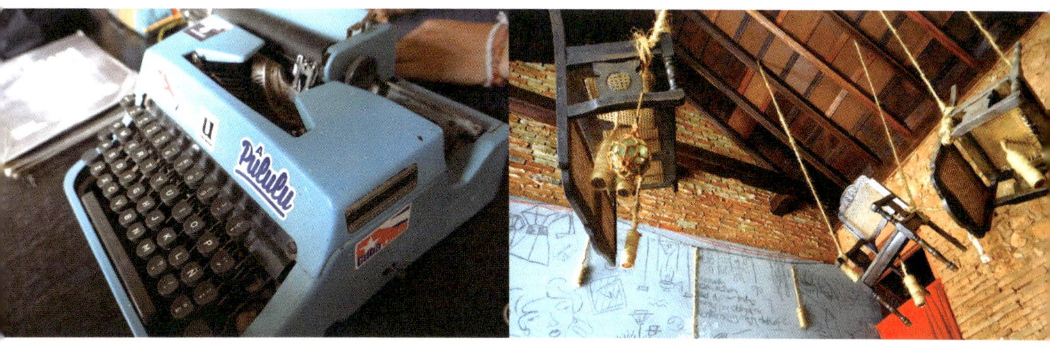

게 되었다. 막내 은주는 고등학교 졸업과 동시에 회사를 다녔는데 거기서 받은 우리사주가 대박 나서 그걸로 2년의 여행 경비를 충당하고 있다고 했다.

그리고 내 차례가 됐다. 기자라는 직업은 가급적 밝히고 싶지 않았다. 사람들에게 한국에서 무슨 일을 하는지 보다는, 나라는 사람 자체로 기억되길 바랐기 때문이다. 여행에서 만큼은 기자님 말고, 여행자이고 싶었다. 하지만 괜히 어정쩡하게 숨겼다가 나중에 알려질 경우 그게 더 곤란할 노릇이었다. 뭐 그렇게 대단할 것도 없었으니……. 결국 속마음을 하나씩 풀어놓게 됐다.

'어릴 때부터 기자가 되고 싶었다. 오지랖이 넓다는 장기를 살려서 훈수 두는 일로 밥 벌어 먹고 살면 행복할 것 같았다. 그렇게 입사한 지 4년차다. 아직은 할 만하다. 내가 쓴 기사로 법과 제도가 바뀌고,

죽겠다던 사람이 다시 살아보겠다며 용기를 내는 모습을 보며 보람을 느낀다.'

그렇게 정답게 대화를 주고받던 중, 밖이 갑자기 어두워졌다. 이윽고 쾅쾅! 큰 소리가 들리더니 정전이 됐다. 천둥이었다. 말 그대로 마른하늘에 날벼락이었다. 빗방울이 땅에 떨어지는 소리가 귀에 날카롭게 박혔다. 소리는 점점 거세졌고 빗줄기도 굵어졌다.

문밖을 내다보니 바닥은 벌써 발목 깊이까지 침수됐다. 웅덩이까지 파였다. 카페 앞 좁은 길은 어느덧 사나운 계곡이 됐다. 산에서 내려온 빗물이 이곳을 거쳐 마을 아래로 흘러갔다. 때마침 강아지 한 마리가 카페 안쪽으로 들어왔다. 축 처진 꼬리에 눈망울이 흔들렸다. 너도 이 비가 무서웠니? 개를 키워보지 않았지만 무슨 마음인지 조금은 짐작할 수 있었다. 윤영과 수정이 경쟁하듯 튀어나와 개를 쓰다듬었다. 그때, 꼬뀨가 말했다.

"오늘도 꼼짝없이 카페에 갇혔네요. 어제랑 똑같네."

"그냥 맞고 가면 안 될까? 이러다 살사 강습 놓치겠는데?"

"현지인한테 들었는데 바닥에 흐르는 물이 엄청 더럽대요."

"무슨 말이야?"

"배수 시설이 제대로 안 돼 있어서 이렇게 폭우가 오면 빗물이 하수랑 섞인대요. 집에 있던 사람들이 오물을 몰래 빗물에 투척하기도 하고요."

"에? 그래서 이렇게 똥 냄새가 진동을 하는 건가?"

결국 우리는 캄캄한 카페에 꼼짝없이 갇히게 됐다.

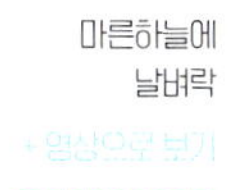

카리요 축제,
카리요 광장

그렇게 한 시간. 비는 언제 그랬냐는 듯 조용히 그쳤다. 얼른 내려가자. 살사 강습 늦겠다. 서둘러 나왔고 보폭을 넓혔다. 무리의 선두는 든든한 우리 꼬뀨였다. 뒤로는 강아지 한 마리가 쫄래쫄래 따라왔다. 어? 낯이 익은데……. 폭우를 피해 카페로 들어왔던 윤영과 수정이 달래줬던 그 놈이었다. 꼬리를 살랑살랑 흔들며 재롱부리는 그에게 모두의 시선이 집중, 덕분에 마을 어귀까지 지루하지 않게 갈 수 있었다.
모퉁이를 도니 아까와는 확연히 달라진 트리니다드 시내의 모습을 볼 수 있었다. 그러잖아도 알록달록한 파스텔톤 건물들은 수분을 잔뜩 머금고서 좀 더 선명한 색을 냈다. 어찌 보고만 있으랴. 하나둘 자신의 스마트폰을 꺼내 들고 이 아름다운 풍광을 찍어 댔다. 관심을 뺏긴 강아지는 슬픈 표정을 짓다 이내 슬며시 사라졌다. 우리의 종아리를 번갈아가며 툭툭 쳤지만 아무도 받아 주지 않았다. 미안하지만 눈앞의 처음 보는 장관에 모두 넋이

나가 있었다.

그렇게 강습소에 도착했지만 살사는 배울 수 없었다. 시간이 너무 늦었다는 주인 부부의 야속한 대답만 들려올 뿐이었다. 에이, 오늘은 정말 날이 아니었나 보다. 느닷없이 내린 소나기가 야속할 따름이었다. 터벅터벅. 돌아가는 발걸음이 가볍지 않았다. 기대했던 트리니다드의 첫날 일정이 이렇게 허무하게 마무리되는 건가.

광장에선 오늘도 요란한 음악이 나왔다. 앰프는 이러다 금방이라도 팡! 하고 터질 것 같이 출력을 키웠다. 특히 쿵, 쿵, 하는 저음 비트가 나올 때마다 바닥 전체가 무섭게 울렸다.

"여기는 뭘 하는데 이렇게 시끄러운 거지? 어젯밤에도 장난 아니던데."
"카리요 축제라고 1년에 한 번 하는 음악 축제래요."
"역시 꼬꾸는 모르는 게 없네."
"저도 궁금해서 여기 사람들한테 물어봤어요."
"그럼 우리 여기서 맥주나 한 캔씩 하고 가자."

당장 술이 꼭 고팠던 건 아니다. 그렇게라도 시간을 붙잡고 싶었다. 트리니다드 둘째 날, 이렇게 숙소로 돌아가면 아까운 하루가 또 끝날 텐데 그냥 보내기는 아쉬웠다. 광장에 있다 보면 뭐라도 재밌는 일이 생기지 않을까 하는 마음도 있었다. 다행히 모두 비슷한 마음이었는지 쉽게 동의를 얻어 냈다.
맥줏값은 최고 연장자인 등산복 아저씨가 내셨다. 같은 여행자끼리 그러는 거 아니라고, 그러면 서로 부담된다고 재차 말렸지만, 그래야만 그 입장에서도 마음이 편하지 않을까 싶어 그냥 그러시도록 했다. '부카네로' 맥주캔을 받아들고 곧바로 입을 댔다. 한 모금 꿀꺽. 크, 이 맛이었다.

스피커에선 흥겨운 음악이 흘러 나왔다. 쿵쿵. 온몸을 울리는 베이스 소리가 인상적이었다. 듣다 보니 고개가 스스로 끄떡거렸다. 박자를 타고 있었다. 그런 모습을 저쪽에서 두 명의 흑인 형님이 음흉한 눈빛으로 쳐다봤다. 현지인 같은데. 이들은 별안간 살사 스텝을 밟으며 내 쪽으로 돌진했고 함께 하길 권했다. 살사? 아직 제대로 배우지 못했는데 어쩌지. 하지만 그들은 고민할 겨를도 없이 내 팔을 붙잡았고 나는 엉성하게 흉내 냈다. 에라 모르겠다. 못 춰도 누가 뭐라 할까. 흔들어! 뒤이어 수정도 합류했다. 축제였다.

이어 숙소로 가는 길에 몸에 페인팅을 해주는 부스를 발견했다. 아니 부스라기보다는 낚시 의자 같은 곳에 장인으로 보이는 허름한 아저씨가 앉아 있었고, 그 아저씨는 돈을 받고 야메(?)로 시술을 하고 있었다. 뒤편에 세워진 판넬에서 견본 그림을 고르고 3~4쿡을 내면 5분 만에 그 그림이 내 피부에 새겨진다고 했다. 이번에도 내가 먼저 나섰다. 피부에 좋지 않은 성

분이 들어 있진 않을까 싶어 살짝 꺼림칙했지만 이렇게 지나치면 언제 또 이런 걸 해볼까 싶었다. 문신이나 헤나 같으면서도, 그런 건 아니고 닷새 정도면 지워진다고 했다.

"저기 보이는 체 게바라 그림, 내 왼쪽 팔뚝에 새겨 주세요."

이후 몇 차례 스프레이 바람을 쐤더니 팔뚝에는 잘생긴 체 게바라 얼굴이 선명하게 새겨졌다. 오우, 생각보다 훨씬 멋졌다.

카리요 축제,
카리요 광장
+ 영상으로 보기

쫀득쫀득 랍스터 파티

설레는 저녁 식사. 그 유명한 차메로네 랑고스타를 먹을 시간이었다. 아바나 갈리카페에서 마늘 기름에 졸여 나왔던 것도 맛이 좋았지만 여기서 나오는 랍스터는 차메로 아저씨가 당일 바다에서 잡아온 자연산이라고 하니 더욱 기대가 됐다. 미리 예약해 뒀던 저녁 7시, 슬슬 배도 고프겠다 우리 여섯 명은 들뜬 마음을 감추지 못하고 소란스럽게 까사 내 식당에 입장했다. 좁은 입구에 한 명씩 차례로 들어갔고 나는 마지막이었다. 그런데 앞서가던 이들이 별안간 걸음을 멈췄다. 대화도 끊겼다. 뭐야, 왜 그래?

식탁을 보니 우리 6명이 앉으려 했던 자리에는 웬 다른 한국 사람들이 앉아 있었다. 어라? 누구세요? 불안감이 밀려왔다. 예약이 중복으로 잡혔나? 저녁만큼은 편하게 먹고 싶었는데……. 기다림에 지치고 폭우 탓에 카페에 갇히고 살사는 배우지도 못하고 돌아와야 했던 하루가 스쳐갔다. 다른 이들 역시 당황한 나머지 눈만 끔뻑거리고 있었다. 그런 우리에게 차메로가 다가왔다.

"걱정 마. 여긴 6시부터 먹기 시작한 팀이거든. 너희 왔으니 자리 비켜줄 거야."

'아 그래? 난 또 저녁도 못 먹는 줄 알았지.'

자라 보고 놀란 가슴 솥뚜껑 보고 놀란 꼴이었다. 휴, 살았다. 이어 한국 여행자 4명이 차례로 합류했다. 우리 일행 6명을 포함해 이렇게 모두 10명이 오늘 7시에 개시되는 식사를 함께 할 멤버라고 했다.
이후 주문한 식사가 나왔다. 돼지고기와 생선 요리라는 조연도 썩 나쁘지 않았지만 주연은 역시 랑고스타였다. 단단한 등껍질을 꼬뀨가 능숙하게 벗겨내자 각자가 살점을 조금씩 떼어 갔다. 부드럽고 쫀득쫀득한 살코기가 입 안 한가득 차올랐다. 가격도 착했다. 이렇게 푸짐하게 먹고도 한 사람당 10쿡씩만 내면 됐다. 트리니다드 최고의 맛집은 단연 이곳 차메로 까사로 꼽고 싶다.
배가 불러오자 하나둘 수저를, 아니 포크를 내려놨다. 그 즈음 입구가 또 소란스러워졌다. 20대 초중반쯤 돼 보이는 한국인 여성 여행객 3명이 새로 들어온 것이다. 손에 짐이 들려 있지 않은 걸로 봐서 숙박 목적은 아닌 것 같았다.
알고 보니 차메로 까사는 지친 한국인 여행자들이 이렇게 쉬어가는 곳으로 알려져 있었다. 게다가 아바나에서 요반나 까사가 그랬던 것 같이 한국인들은 여기에도 정보북을 만들어 놨다. 각자가 수집한 여행 정보들을 빈 노트에다 작성해서 돌려 보고 있던 것이다. 어쨌든 이 좁은 식당 겸 휴게실에 금세 한국인 십수 명이 모이게 됐다. 아 정신없어라. 안 되겠다. 이곳을 벗어나 조용히 좀 쉬어야겠다. 옆에 있던 윤영에게 조용히 속삭였다.

"윤영아, 우리 인터넷이나 하고 올까?"
"좋아요. 이 근처 병원 앞에 와이파이 되는 곳이 있다는데요. 카리요 광장보다 가깝대요."
"그래, 바로 가자."

하지만 계획은 금방 어그러졌다. 인터넷을 하러 간다고 했더니 주변에서 하나둘 따라붙었고 결국 한국인 15명이 모두 움직이게 됐다.

'그러지 마, 제발.'

마음속으로 빌어 봤지만 달라지는 건 없었다. 결국 한국 사람들이, 군대로 치면 한 개 소대급 인원이 떼로 다녔다. 주변을 지나는 현지인들이 힐끔힐끔 쳐다볼 정도로 특이한 광경이었다.

'이건 아닌데……. 정말 이건 아닌데…….'

그렇게 병원 앞에 도착해서 인터넷을 켰다. 하지만 오늘은 왠지 별로 재미가 없었다. 좀 더 정확하게 말하면 괜히 심통이 났다. 왜들 따라와서 내 시간을 방해하나 싶었다. 결국 나는 자리에 오래 있지 못하고 슬며시 자리를 떴다. 왔다 갔다 괜히 또 고생만 한 셈이 됐지만 그래도 이게 더 좋았다. 애초에 병원 쪽에 가겠다고 한 것도 인터넷을 하겠다기보다 사람을 피하는 게 더 큰 목적이었으니까. 덕분에 잠시나마 귀와 입을 쉴 수 있었고 캄캄한 하늘을 비추는 영롱한 별빛도 감상할 수 있었다. 터벅터벅, 조금 쓸쓸한 발자국을 새기며 까사에 도착했다. 물론 방에서도 혼자 있는 시간은 그리 길지 않았다. 30분쯤 있었을까 윤영이 뒤따라 들어왔다.

"형, 저도 그냥 왔어요. 사람이 많으니까 너무 정신없더라고요."
"그치! 아휴 피곤하더라. 오늘은 거기 가지 말자. 뭐 할까?"
"아까 얘기했던 동굴 클럽이나 갈까요? 저도 가 보고 싶었거든요."
"좋아. 트리니다드 오면 꼭 가 봐야 한다더라. 신기할 것 같아."

그렇게 우리는 동굴 클럽에 가기로 했다. 그런데 막 나가려는 찰나,

"똑똑……. 안에 있나요?"

은주와 수정, 꼬뀨였다. 이렇게 밤을 보내기 아쉽다며 럼 두 병과 탄산음료, 과자 부스러기를 들고 찾아왔다. 우리 몫까지 사 왔다는데 어쩔 수 없는 노릇이었다. 다른 한국 사람들을 떼어 놓고 왔다는 점이 그나마 위안이었다. 그래, 오늘은 그냥 술이나 마시자 싶었다. 다시 모인 우리는 두런두

런 앉아 한바탕 또 사는 얘기를 하고 헤어졌다. 이들이 돌아간 뒤 피곤했는지 금세 잠이 들었다.

꿈자리는 좀 사나웠다. 배경은 한국. 친구들과 함께 놀고 있었는데 별안간 모두가 나를 버리고 어디론가 사라진 꿈이었다. 나는 그 친구들을 다시 찾기 위해 한참을 헤매다 일순간 깨어났다. 아주 외롭고 두려웠던 감정은 눈을 뜬 뒤에도 쉬이 사라지지 않았다.

혼란스러웠다. 자꾸 사람을 벗어나려고 했던 오늘의 내 모습과 너무도 달랐기 때문이다. 꿈은 무의식의 발로라던데, 혹시 나 스스로도 포착하지 못한 감정이 마음 어딘가에 숨겨져 있던 건 아닐까? 그렇담 정말 내가 원한 건 무엇이었을까? 그러다 불현듯 깨닫게 됐다. 사람을 피하고 싶다고 했지만 결정적인 순간에서 사람을 붙잡았던 게 결국 모두 내 선택이었음을. 정말 피하려고 했다면 그럴 수 있었는데 내가 그러지 않았던 것뿐이었다. 외로워서 그랬을까.

꿈에서 깬 이후 한동안 잠에 다시 들지 못했다. 창밖에 들리는 음악 소리 때문이었다. 시계를 보니 새벽 4시였다. 카리요 축제라고 했나. 정말 대단하다 싶었다. 창문을 닫으려고 커튼 쪽을 살폈다. 그리고 그제야 알 수 있었다. 유리창은 애초에 없었고, 뚫린 자리는 커튼으로 가려져 있을 뿐이었다.

- 2018년 6월 23일 여행 8일차

형,

말 조심하세요

엄숙했고 정돈됐다. 미사가 끝날 때까지 누구도 큰 소리를 내지 않았다. 지난 일주일 동안 봐 왔던 '흥부자' 쿠바인들의 모습은 온데간데없었다. "그라시야스 세뇰, 그라시야스"라고 외치던 성가대의 아카펠라만이 콘크리트 벽에 튕겨 메아리쳤다. 에어컨이 없어 땀을 뻘뻘 흘리는 이들도 많았지만 다들 조심스레 손을 흔들어 부채질할 뿐이었다.

단상의 설교가 시작되자 회중은 하나둘 고개를 떨궜다. 길어지는 연설을 참지 못하는 건 인류 공통인가 보다. 괴롭기는 나도 마찬가지였다. 좋은 말인 것 같긴 한데 당최 하나도 알아들을 길이 없었다. 귀를 아무리 쫑긋 세워 봐도 늘어진 카세트테이프를 듣는 느낌이랄까. 결국 죄 없는 허벅지만 계속해서 꼬집힘을 당해야 했다. 그냥 꼬뀨랑 수정, 은주 따라서 살사 강습이나 받으러 갈 걸 그랬나? "형 따라 가겠다."며 이곳 라 산티시마 성당으로 발길을 함께 해 준 윤영에게 괜스레 미안해졌다.

사고를 친 건 성찬식이 막 시작됐을 때였다. 신부님이 단상에 올라 한 손으로 카스테라 빵을 찢자, 나도 모르게 입에서 이런 말이 튀어나왔다. 꾸벅꾸벅 졸다 내뱉은 한 마디 잠꼬대가 산통을 깼다.

"살사 삐칸테."

매운 소스라는 뜻의 이 말. 아바나 딸기잼 피자 앞에서는 유용했지만 이곳에선 명백한 결례였다. 도대체 내가 왜 그랬을까? 피곤한 탓이었을까? 바로 후회했지만 이미 뱉은 걸 주워 담을 순 없었다. 아무도 못 들었길 바랐지만 역시나 그럴 리 없었다. 곧바로 앞에 앉아 있던 현지인 두 명이 내 쪽을 향해 눈을 흘겼다. 안 그래도 동양인 청년들의 예고 없는 방문에 처음부터 시선을 한 몸에 받았었기에 쥐구멍에라도 숨고 싶었다.
쿠바 살이 일주일, 내내 왁자지껄 떠들고 다녔더니 이런 잠깐의 적막이 어색하고 갑갑했나 보다. 아이고! 결국 우리는 미사가 끝나자마자 도망치듯 빠져 나왔다. 그 전에 강제로 쫓겨나지 않은 게 그나마 다행이었다.

"형, 말조심하세요."

카리요 광장으로 가던 길, 윤영이 단호하게 경고했다. 그래, 내가 너무했지? 미사 중에 살사 삐칸테라니. 동시에, 싫은 소리는 절대 못 할 것 같던 윤영에게 이런 면모가 있다는 게 놀라웠다. 아니면 혹시 그것 말고 다른 말실수가 있었을까? 내가 무심코 뱉었던 수많은 말 중에 그에게 상처를 주는 표현이 있었던 것은 아닐까? 곁눈질로 본 그의 얼굴 표정에는 변화가 없었다.
그때 바로 옆으로 마차 한 대가 스쳐 갔다. 또각또각, 또각또각. 형, 제가 말씀드렸잖아요. 말 조심하시라고. 아, 그 말(馬)을 조심하라는 거였어? 말(言)이 아니라? 오해를 주워 담고 한참을 웃었다. 윤영아, 너도 말 조심해라. 우리 앞에 말똥 지뢰밭이다.

형,
말 조심하세요
+ 영상으로 보기

게바라와 에리얼

그렇게 히죽대고 계속 웃을 수만 있었다면 얼마나 좋았을까. 그러기에 여기는 너무나 덥고 습했다. 영상 40도에 육박하는 찜통 더위에서 윤영과 나는 1.5L 생수 페트병을 각자 하나씩 손에 끼고 다닐 수밖에 없었다. 그 모습이 아주 우스꽝스러워 보일 것 같았지만 하는 수 없었다. 이 걸로라도 목을 축이지 않으면 금세 탈진할 것만 같았다. 1시에 모이기로 했던 꼬규와 수정, 은주가 늦어지면서 우리는 또 그렇게 앉아서 정처 없이 기다려야 했다. 이 녀석들은 도대체 언제 오는 거야.

이런 우리 마음을 아는지 모르는지 광장에서는 음악과 춤 공연이 이어졌다. 그러고 보니 오늘은 카리요 축제 사흘째였다. 귀여운 꼬마들이 하얀 옷을 단체로 맞춰 입고 나와 재롱을 피웠고, 한쪽에선 수십 수백 명이 어우러진 타악기 공연이 눈길을 끌었다. 이런 공연들이 잠시나마 우리를 들썩이게 했지만 녹초가 된 몸을 소생시키기엔 역부족이었다. 결국 우리는 나무

그늘로 가려진 벤치에 자리를 잡고 '버티기 모드'에 돌입했다.
한 시간 뒤 세 사람은 살사 강습을 마치고 천진난만한 표정으로 나타났다.
나는 쿨하지 못하게 뼈 있는 한 마디를 날렸다.

"괜찮아, 두 시간밖에 안 기다렸어."

밥을 먹고도 더위는 그치지 않았다. 내내 카페에만 있기는 시간이 아까운데……. 꼬꾸는 갈팡질팡하던 우릴 바다로 이끌었다. 유명한 앙꼰 비치 말고 같이 놀기에 더 좋은 해변이 있다고 했다. 물속에 들어가면 이놈의 무더위에서 좀 벗어날 수 있을까. 우리는 수영복을 챙기러 까사 쪽으로 향했다.

그런데 가는 길에 어제 '체 게바라 페인팅'을 받았던 부스가 나오자 수정은 나를 불러 세웠다.

"아참, 오빠! 아까 꼬규, 은주랑 얘기했는데. 우리 다 같이 페인팅 하기로 했어."
"아 그래? 그럼 그동안 공원에서 인터넷 좀 하고 올게."
"아니 오빠도 같이 해야 돼. 윤영이도. 이거 우정 타투야."

왼팔에 귀여운 인어공주 에리얼이 그려진 건 순식간이었다. 오른팔에 험상궂게 새겨진 체 게바라와 묘하게 대비가 됐다. 그런 내 모습이 신기했는지 근처에 있던 사람들이 관심을 보였다. 지나가던 한 백인 관광객은 나를 등신대 삼아 기념사진을 찍기까지 했다.

"같이 사진 한 장 찍어도 될까요?"
"저요? 네……."

그런데 그때, 북쪽 언덕에 걸려 있던 먹구름이 조금씩 남하하더니 이내 비를 뿌리기 시작했다. '금방 그치겠지' 하며 현실을 부정했지만 곧 천둥번개까지 떨어졌다. 꼭 이럴 때 날씨가 도와주지 않았다. '어째야 하나?' 하고 잠깐 고민했지만, 가던 길은 멈추지 않기로 했다. 어떻게든 되겠지. 괜찮아, 쿠바니까!

성게 가시에 찔리면

모든 바다가 오대양을 거쳐 육대주와 연결된 터라 바다라고 하면 '거기서 거기 아닌가' 싶기도 하지만, 사실 어딜 가도 느낌은 조금씩 다 다르다. 그 중에서도 이곳 나뚜랄 비치는 특히 이국적이고 생경한 풍경이었다. 에메랄드 물빛과 거센 파도는 그렇다 치더라도, 해변으로부터 100m가량 떨어진 바다 위에 방파제 마냥 돌밭이 쌓여있는 풍경은 가히 생소했다. 학익진으로 펼쳐진 이 돌무리는 우리로 하여금 안전한 물놀이를 즐기라는 듯 별도의 풀장을 만들어 냈다. 그 위로 잿빛 구름이 가득한 게 조금은 아쉬웠지만 그나마 비가 그쳤다는 사실에 만족해야 했다.

우리는 현지 사정에 빠삭한 꼬뀨의 안내에 따라 해변 한쪽 구석에 자리를 잡았다. 가운데 쪽도 사람이 그리 많은 편은 아니었지만 우리끼리 조용히 놀기에 아주 안성맞춤인 '아지트'가 구석에 있었다. 그런데 어라? 낯익은 얼굴들이 보였다. 차메로 까사에서 만났던 한국인들이 여기 모여 있던 것

▲ 트리니다드 근교의 나뚜랄 비치

이었다. 어제 함께 했던 등산복 아저씨도 있었다. 팔목에 에리얼을 새긴 우리 '인어공주 패밀리'가 금세 친해져 무리지어 다녔던 것처럼 각자 개인적으로 여행 왔다던 이들도 그렇게 삼삼오오 모여 있었다. 오랜만에 뭉친 두 그룹은 이곳에서 금세 또 스스럼없이 어울렸다.

청량한 바닷물은 아랫배까지 찰 정도의 깊이였다. 팔을 물속에 넣고 꿈틀거리자 다섯 쌍둥이 에리얼은 파닥파닥 헤엄쳤고 그걸 본 우리는 꺄르르하고 자지러졌다. 그렇게 모인 이들과 이리저리 물장구를 치며 놀았더니 더위는 어느새 싹 가신 느낌이었다. 한가로이 둥둥 떠 있는 현지인들과는 '올라'라고 인사를 건네는 것 외에 대화를 길게 하지 못했지만 그 자체로도 충분히 즐거웠다. 한 가지 아쉬운 건 물빛이 탁해서 속이 잘 보이지 않았다는 점이다. 돌밭이 대양을 차단한 탓인지 유독 물이 뿌옜다. 굳이 챙겨 온 스노클링 장비가 무색해졌다.

조금 나은 곳이 없을까 고민하며 시선을 옮기다 돌밭에 파도가 부딪치는 지점을 발견했다. 저쪽이라면 그나마 좀 투명할 수도 있겠는데……. 하지만 워낙 멀리 떨어진 곳이라 수심이 얼마나 될지 가늠이 안 됐다. 목 마른 놈이 우물 판다고, 나는 수색대를 자처했다. 일단은 안전하다는 게 입증이 돼야 저리로 가자고 제안이라도 할 수 있을 것 같았다. 나를 제외하고는 유일하게 스노클링 장비를 챙겨왔던 수정이 뒤를 따랐다.

목표 지점까지 가는 길은 적잖이 험난했다. 돌들은 울퉁불퉁 불규칙하게 튀어 나왔고 거센 파도가 그 사이를 교묘하게 뚫고 들어왔다. 수심은 가만히 서 있으면 허벅지 높이 정도밖에 안 됐는데 물살을 이기고 나아가기에는 걷기보단 헤엄치는 게 나은 상황이었다. 하지만 할 줄 아는 게 자유형뿐인 나로서는 무릎과 발을 연신 바닥에 찧을 수밖에 없었다. 그렇게 역경을 뚫고 파도가 처음 부서지는 곳까지 겨우 도착했다. 다행히 기대했던 것처럼 수심이 적당했고 물도 투명했다. 스노클링 장비가 빛을 발하는 순간이었다. 손을 살짝만 뻗어도 송사리만한 열대어가 이리저리 스쳐갈 정도였다. 나는 자리를 박차고 일어나 저 멀리서 우릴 주시하던 일행을 불렀다. 그리고 두 팔로 큰 원을 그렸다. 함께 놀기에 이 정도면 안전하겠다는 표시였다. 이제 됐다! 돌아가자. 그런데 그때 난데없는 비명이 들렸다.

"가시!"

"뭐라고?"

"밟았어, 으악!"

수정의 발을 찌른 미확인 물체는 그의 아쿠아 슈즈를 뚫을 정도로 강력했다. 나일론 소재로 마치 양말 같이 생겨 간편해 보였고 그래서 모두의 부러움을 샀던 신발. 하지만 푹신한 그 신발은 그의 발바닥은 지켜 주지 못했다. 아지트로 도착한 뒤 응급 수술을 시작했다. 집도의는 윤영이 맡았고 물 떠

오는 일은 내가, 수건은 은주가 챙겼다. 나머지는 두런두런 모여 앉아 기운을 집도의에게 몰아줬다. 시선이 고정된 곳은 수정의 발바닥이었다. 스마트폰 유심 교체용 철제 핀은 매스가 됐다. 럼주에 넣었다 뺀 뒤 라이터로 지져 나름 알코올 소독까지 마친 것이었다. 미간을 잔뜩 찌푸린 집도의가 그걸로 살점을 아주 조금 찢었을 땐 모여 있던 사람들이 동시에 탄성을 질렀다. 하지만 가시는 야속하게도 끝부분만 잘릴 뿐, 안쪽으로 더 깊숙이 파고들었다.

결국 이 미확인 물체는 까사로 돌아와서야 뺄 수 있었다. 은주가 갖고 다니던 반짇고리 속 작은 바늘을 썼다. 깊숙이 박힌 조각 일부는 끝까지 나오지 않았다. 그래도 통증이 그쳤고 딱히 별다른 방도가 없기에 이만 정리하기로 했다. 차메로 아저씨는 '성게 가시 조심하라고 얘기하지 않았냐'며 시무룩해 하는 수정의 등을 토닥였다. 나중에 물어보니 이 조각은 한국에 온 뒤에야 빠졌다고 한다. 새살이 올라오면서 밀어낸 덕분이라는 설명을 들었다.

아, 피곤했다. 하루가 정말 길었다. 일단 각자 숙소로 돌아갔다. 나는 바닷물을 씻어 내기 위해 들어 간 욕실에서 적당이 따뜻한 수온을 기대하며 샤워기에 물을 틀었다. 그런데 스위치를 온수와 냉수의 절반 정도로 놨는데도 물이 너무 뜨거웠다. 자세히 보니 어쩐 일인지 냉수가 아예 안 나오는 것 같았다. 주인장 레오나르도가 '여기 온수는 잘 나온다'라고 했었는데, 알고 보니 정말 온수만 나오는 것이었다. 결국 별 수 없이 팔팔 끓는 듯한 온수에 몸을 맡길 수밖에 없었다. 씻다가 못 참겠다 싶을 때면 잠깐 식혔다가 다시 온수를 트는 과정을 반복해야 했다. 이게 정말 말이 되는 상황인가 싶었다. 그런데 설상가상으로 어딘가 누전이 됐는지 스위치에 손을 댈 때마다 '찌릿'하고 통하는 전기까지 체감해야 했다. 정말 가지가지 했다.

그렇게 정신없는 샤워를 마치고 오랜만에 거울을 봤다. 아바나에서 묶었던 레게 스타일 머리는 거의 다 풀려 있었다. 삐쭉삐쭉 어정쩡한 모습이었다. 그래, 이제 놓아줄 때가 됐구나 싶었다. 칼레타부에나에서 스쿠버 다이빙을 마친 뒤 이미 상당히 풀려있던 걸 미련이 남아 지금까지 붙잡고 있던 차였다. 손가락으로 머리 사이를 후벼 파 그나마 헐겁게 감겨 있던 고무줄 서너 개를 단숨에 풀어냈다. 묶는 건 한참, 푸는 건 순식간이었다.

좁은 길에서,
올라

차메로 까사에서 막 다시 출발하려던 순간, 다시 '뚝뚝' 빗방울이 떨어졌다. 우리는 우산을 나눠 쓰기로 했다. 윤영과 동갑내기 수정이 하나를, 그리고 꼬뀨와 막내 은주가 하나를 들었다. 나는 작은 삼 단 우산 하나를 독차지했다. 장유유서로 배려를 해준 건지 아님 아저씨라서 인기가 없었던 건지는 모르겠다.

그렇게 향한 목적지는 꼬치와 맥주가 일품이라는 '라 보티하(La Botija)'였다. 배고프다 징징대던 내가 앞장섰다. 빨리 걸으면 15분이면 갈 거리를 걸음이 느렸던 동행인들과 함께 갔더니 30분, 아니 거의 한 시간 가까이 걸렸다. 아무리 비가 와도 그렇지 딱히 길을 헤맨 것도 아니었는데 왜 그랬을까?

뒤따르는 이들의 보폭과 걸음을 곰곰이 관찰해서 내 나름의 답을 찾아냈다. 바로 이 마을이 가진 독특한 구조 때문이었다. 우선 좁은 길, 이곳 트리

니다드 중심부는 여러 갈래로 난 길 덕에 나름대로 사통팔달한 교통을 자랑했다. 격자식으로 사방이 뚫려 있어서 방향만 제대로 잡으면 길을 잃을 염려도 거의 없을 정도였다. 문제는 골목의 폭이 좁아도 너무 좁다는 것이었다. 50cm 남짓 되는 인도를 걷노라면 아슬아슬한 곡예를 반복해야 했다. 혹시 마주 오는 사람과 겹치기라도 하면 차도를 침범할 수밖에 없었다. 아예 차도로 다니면 안 되냐고? 물론 그래도 된다. 앞뒤에서 쌩하고 다가오는 말(馬)을 이리저리 피해낼 재간만 있다면 말이다.

바닥에 깔린 돌도 걸음을 느리게 하는 데 한몫했다. 이곳의 길바닥에는 주먹만한 크기의 조약돌이 쫙 깔려 있어 꽤 울퉁불퉁했다. 유럽 어딘가에서

본 듯한 모양이었다. 아스팔트나 콘크리트 포장도로에서 걷던 것처럼 생각 없이 걸으면 균형을 잃고 발목을 접질리기 십상이었다. 불상사를 막기 위해선 발목에 힘을 꾹꾹 눌러 줄 수밖에 없었다. 게다가 지금은 두 명이서 한 우산에 보폭을 맞춰 걷다 보니 세월아 네월아, 거북이걸음이 됐다.
물론 그런 상황에서도 모두의 입가엔 웃음꽃이 피었다. 여행 전 무슨 고민을 하고 살아왔는지 속 깊은 사는 얘기도 끊이지 않았다. 덕수궁 돌담길이 강남 테헤란로보다 길의 폭이 좁아서 남녀가 정분나기 좋다는 얘기를 들은 적이 있는데 어쩌면 같은 이치가 아닐까 싶다. 물론 다들 애인이 있어서 그런지 별 탈(?)은 없었다. 적어도 내가 아는 선에서는 말이다…….
아참, 좁은 길 느린 보폭이 우리끼리만 가깝게 해준 건 아니었다. 이곳 현지인들과 인사 한 번, 대화 한 번 더 나눌 수 있던 것도 그 덕분이었다. 이것이 지금껏 트리니다드를 잊지 못하는 이곳만의 특장점이다.

트리니다드 사람들은 별 일 없이 집 밖에, 아니면 2층 발코니에 나와 앉아 있는 경우가 많았다. 이 때문에 좁은 길을 슬슬 걷다 보면 좌우에 늘어선 사람들과 눈이 마주치기 일쑤였다. 그때마다 이들은 '올라' 하고 눈인사를 건네며 낯선 이들을 반갑게 맞았다. 그 눈망울이 어찌나 초롱초롱하던지…….
이주 노동자 블랑카를 얕잡아 보는 한국의 사장님이나 검은 피부를 잠정적 범죄자로 보는 일부 아메리카 출신들, 생김새가 다른 이들에게 폭행까지 서슴지 않는 러시아의 스킨헤드 속에 내재된 방어 기제는 본질적으로 다르지 않다고 나는 생각한다. 나와 다른 것에 대한 두려움을 다스리지 못

▶ 팔뚝에 새긴 인어공주 페인팅으로 우정을 과시하고 있다. 왼쪽부터 윤영, 꼬뀨, 은주, 수정, 광일

할 경우엔 배척과 혐오로 이어지기 마련이다.

반면 이곳 트리니다드 사람들은 지구 반대편에서 찾아온 눈 찢어진 이방인을 서슴없이 반겼다. 이는 수많은 갈등과 반목을 이미 몇 세기 전에 경험했고, 그 과정에서 학습한 결과가 아니었을까? 배척과 혐오가 모두에게 도움이 되지 않는다는 것을 우린 언제쯤 저들처럼 깨닫고 편견 없이 타인에게 관대할 수 있을까?

그렇게 생각을 복잡하게 옮겨 가던 중 목적지에 다다랐다. 라 보티하. 만석인 탓에 주변에서 30분가량 대기한 뒤에야 입장할 수 있었다. 식당 안에서는 밴드 공연이 자연스레 어우러졌다. 짧은 머리의 백인 남성 이인조였다. 한 명은 일렉 기타와 노래를, 다른 한 명은 드럼을 담당했다. 베이스나 키보드 없이도 이들은 전혀 허전하지 않게 소리를 채웠다. 감성 발라드부터

16비트 블루스까지. 비 오는 날 촉촉한 감성을 멋진 음악으로 표현했다. 이런 공연이 하루에도 여러 차례 열린다고 하니 트리니다드를 찾는 이들에게 이곳은 꼭 추천하고 싶다.

음악은 식당 손님들이 내는 소음, 그리고 주문을 받는 종업원들의 목소리에 녹아들었다. 이따금씩 창밖으로 보이는 '말'들도 인상적이었다. 서부영화에나 나올 법한 '카우보이'들은 한 손에 럼주통을 든 채 능숙하게 달렸다. 마치 이 정도 말고삐를 다루는 데에는 한 손이면 충분하다는 듯 보였다. 여기에 고루한 가죽 재킷과 챙 넓은 모자까지 살짝 눌러쓴 모습은 촌뜨기 한국인 여행자를 완전히 매료시키기에 충분했다.

좁은 길에서,
올라

+ 영상으로 보기

동굴 클럽

'인어공주 패밀리' 가운데 은주와 나를 제외한 나머지 멤버들은 내일 아침이면 모두 아바나로 떠난다고 했다. 다함께 보내는 마지막 밤, 우리는 상규의 방으로 집합했다. 잠시 각자가 갖고 있던 서로의 사진과 영상을 공유한 뒤 둥그렇게 모여 앉았다. 럼주에 콜라를 섞어 '쿠바 리브레'를 제조해 마시기 위해서였다. 사흘간의 추억을 이리저리 곱씹다 상규와 은주에게 물었다. 외롭거나 힘들지는 않느냐고. 1년 넘게 여행하는 직업 여행자들에겐 어떤 고민이 있을까 궁금했다. 머뭇거리던 은주가, 그리고 상규가 차례로 답했다.

"바로 지금. 이럴 때요."
"이렇게 친구 사귀었다 한 번에 빠질 때가 그렇죠."

그동안 여행지에서 많은 사람들을 만났지만, 또 그만큼 이별도 많았다는 게 이들의 아쉬움이었다. 특히 한국으로 돌아간 단기 여행자들의 소셜미디어를 볼 때마다 자신과의 괴리가 느껴져 마음이 복잡했다고 한다. 이렇게 여러 친구들을 사귀고 헤어지는 과정을 반복하다 보니 사람을 만나 마음을 주는 일을 주저하게 됐다는 조금은 안타까운 얘기도 이어졌다. 방랑의 자유 그 이면에는 이런 공허함이 있었겠구나 싶었다. 처음 듣는 유형의 고민이라 그랬는지 위로도 격려도 어떠한 대안 제시도 나오지 못했다. 그냥, 서울 오면 보자고 소주에 곱창전골을 쏘겠다는 약속밖에는 할 말이 없었다.

밤이 깊어 가자 하나둘 눈을 부비기 시작했다. 성게 가시에 찔린 뒤부터 급격한 체력 저하를 호소했던 수정은 아예 등을 돌리고 자고 있었다. 그래, 이제 슬슬 파할 때였다. 그렇게 내일 아침 배웅을 약속하며 각자 숙소로 향했다.

"윤영아, 마지막 날인데 이렇게 끝내긴 아쉽지 않겠냐?"

"맞아요. 어차피 잠도 안 올 것 같은데 뭐라도 할까요?"

"글쎄……. 공원이나 가볼까? 혹시 아직 축제가 안 끝났을 수도 있으니까."

그렇게 윤영과 나는 어젯밤 새벽 늦게까지 잠을 설치게 했던 음악의 진원지를 찾아 나섰다. 하지만 축제는 이미 끝나 있었다. 공원은 적막했다. 그래도 이렇게 그냥 후퇴하긴 너무 아쉬운데……. 나온 김에 어제 그렇게 그리던 동굴 클럽을 가 보자고 윤영에게 제안했다.

"좋아요, 형."

참, 이런 생각은 기가 막히게 마음이 맞았다. 하지만 가는 길은 예상보다 더 험난했다. 오프라인 지도앱 '맵스미'를 따라 북쪽으로 계속 올라가야 했는데……. 저녁 식사를 했던 라 보티하 식당을 지난 뒤부터는 가로등도 없는 캄캄한 산길이었다. 새로 산 흰 운동화에는 여기저기 흙탕물이 튀어 버렸다. 그나마 스마트폰 플래시가 있었기 망정이지 이마저 없었다면 금세 포기하고 돌아갔을 것이다.

어둠을 뚫고 도착한 곳에는 서너 대의 푸드 트럭(?)이 우릴 기다리고 있었다. 클럽 앞에 서서 데킬라나 칵테일 따위를 파는 간이 바였다. 그리고는 푸드 트럭들을 끼고 돌아 디스코 아얄라(Disco Ayala) 앞에 섰다. 이곳이 바로 그 유명한 트리니다드의 동굴 클럽이었다. 동굴과 클럽. 하나는 자연에서 생성되고 하나는 사람이 인위적으로 만든다는 점에서 두 단어는 본디 이질적으로 느껴졌다. 하지만 '어두움'과 '폐쇄성'이라는 공통점을 매개로 꽤나 낭만적인 합성어를 만들었다. 그 합성어가 실재하는 공간에 어떻게 펼쳐질지는 상상만으로도 설렜다.

특히 지난해 캄보디아와 라오스에서 조금은 특이한, 동시에 환상적인 클럽들을 마주했던 기억이 그런 기대를 키웠다. 캄보디아 시엠립의 '템플 클럽(Temple Culb)'은 앙코르와트의 엄숙한 사원을 흉내 냈고 라오스 방비엥

▲ '동굴 클럽'으로 불리는 디스코 아얄라 내부 모습

의 '사쿠라 바(Sakura Bar)'는 금방이라도 무너질 것 같이 낡은 목조 건물을 리모델링한 곳이었다. 이처럼 엄숙하거나 황폐한 모습은 사실 휘황찬란한 클럽과는 거리가 꽤나 멀어 보이지만 실제로는 더욱 몽환적인 느낌을 자아냈다. 인지 부조화 때문이었을까 그런 클럽을 찾은 여행객들은 음악과 더불어 '공간'에 취하고 있는 것처럼 보였다. 각각 어느 건축가의 작품인지는 모르겠으나 그들 모두 어두움과 폐쇄성에 주목했으리라.

이곳 트리니다드의 동굴도 만만찮게 이질적인 공간이었다. 가파른 계단을 통해 클럽 장내로 입장하니 사방을 둘러싼 돌에는 구멍이 송송 뚫려 있었다. 정말 말 그대로 동굴 속이었다. 돌벽에 손바닥을 대보니 앰프에서 뻗어나온 음악이 쿵쿵 울리고 있었다. 곳곳에 튀어나온 종유석과 석순에는 형

광의 네온사인이 감겨 있었다.

하지만 어쩐 일인지 그다지 흥이 오르지는 않았다. 카리요 축제가 다 끝나서 사람이 많이 빠진 탓일까? 현지인들의 살사 솜씨를 구경하고 싶었지만 백인 관광객이 대부분이었고 음악은 팝도 살사도 아닌 애매한 리듬이 반복됐다. 그러다 보니 스테이지 한복판에 선 이들도 다들 애매한 어깨춤만 흔들 뿐이었다. 멀찌감치 서서 시가나 뻐끔뻐끔 태우던 나와 윤영은 30분도 채 되지 않아 동굴을 빠져 나왔다.

- 2018년 6월 24일 여행 9일차

아바나 온난화

'이 나라 사람들은 왜 이렇게 게으를까?'

여행 초기 매일 같이 되뇌었던 이런 궁금증은 어렵지 않게 해결됐다. 똑같이 축 늘어진 내 모습을 보면서다. 적도 주변의 열대 지방에서 6월을 산다는 것은 생각보다 훨씬 더 지치는 일이었다. 숙소 근처에 잠깐만 나갔다 와도 타들어가는 갈증을 느껴야 했다. 그래서 쿠바에서 꽤 많은 날들을 한숨과 무기력 속에서 살았다. 이렇게 말이다.

아침 먹고 하아…. 점심 먹고 하아…. 저녁 먹고 하아….
그러다 술 먹고 늦잠 자고.
다음날 또 아침 먹고 하아…. 점심 먹고…. 저녁 먹고….

오늘이 딱 그런 날이었다. 차메로 까사 휴게실에서 나는 식탁 앞 의자에 앉았다. 아니 골반을 앞으로 주욱 빼고 거의 누워있다시피 있었다. 내가 묵던 숙소는 에어컨이 약했고, 그렇다고 어딜 가자니 그럴 만한 체력도 의욕도 없었다. 맞은편에 앉은 은주도 '더워 죽겠다'는 말만 5조 5억 번쯤 연발하고 있었다.

윤영과 수정, 상규가 떠난 건 오늘 아침이었다. 우리가 배웅하러 나갔을 땐 택시가 이미 도착해 있었다. 그들과의 작별은 쉽지 않았다. 요반나 관리인에게 안부를 전해 달라, 가기 전에 어디를 꼭 들러라, 서울 가서 만나자……. 우리의 아쉬움 섞인 대화는 그칠 줄 몰랐다. 그러자 결국 보다 못한 차메로가 나섰다. 항상 어색한 한국말로 '천처니~ 천처니~'를 강조하던 그가 처음으로 "빨리, 빨리" 하고 재촉했던 것이다. 떠날 채비를 마치고 연신 눈치를 주던 현지인 택시 기사를 의식한 듯했다.

그렇게 다들 떠난 뒤 휴게실에서 덥다고 늘어져 있다 보니 금세 오전 시간이 지나갔다. 그리고 어느덧 점심시간이었다. 은주는 비장의 무기 '둥지냉면'을 꺼내왔다. 오랜만에 먹는 한국의 맛이었다.

둥지냉면은 상규가 은주에게 넘기고 간 것이었다. 트리니다드에만 한 달 가까이 있던 상규가 한국 음식이 너무 고파서 한국 여행자들이 있는 카카오톡 오픈채팅방에 둥지냉면을 부탁했더니 한 아주머니가 사왔더랬다. 웬 아주머니냐고? 짐작했을지도 모르겠지만 바로 아바나에서 만났던 순희 누님이었다. 순희 누님이 한국에서 사온 냉면이 오고가는 정 속에 상규 손을

거쳐 은주와 내게로 온 것이었다. 세상은, 아니 쿠바는 참 좁았다.

그리고는 밖으로 나왔다. 트리니다드에 와서 처음 보내는 혼자만의 시간이었다. 조금은 두렵고 조금은 기대가 됐다. 그동안 여럿이 몰려다니며 분주히 돌아다녔던 탓에 좀처럼 꺼낼 기회가 없던 카메라도 오랜만에 빛을 볼 수 있었다. 햇볕이 강하게 내리쬐니 사진도 평소보다 예쁘게 나왔다.
그렇게 골목을 구석구석 돌았다. 걷고 싶으면 걷고 서고 싶으면 서고 사진 찍고 싶으면 사진 찍고 통화하고 싶으면 와이파이존에 들렀다. 이젠 정말 누구에게 동의를 구할 필요도 없이 자유로웠다. 드디어 무거운 짐을 벗어 버린 듯 홀가분했다.
그럼에도 더운 건 어쩔 수 없었다. 중천에 뜬 해를 직격으로 맞다 보니 두피가 익어 버릴 지경이었다. 카밀라 카베요의 명곡 '아바나(Havana)'에 나오는 '아바나 오나나'라는 부분을, 누군가 '아바나 온난화'라고 익살스럽게 표현한 걸 본 적이 있는데 지금 보면 여긴 진짜 온난화가 온 게 아닌가 싶을 정도였다. 더 이상 버틸 수 없어서 후퇴하기로 결정했다. 어디 조용한 곳에 들어가서 더위부터 좀 식히기로 했다.
한참을 주변을 돌다 그나마 괜찮아 보이는 카페를 찾았다. 천장이 뻥 뚫린 실외 카페였는데 이곳은 안팎을 식물로 가득 채워 마치 정원 같은 곳이었다. 아쉽게도 에어컨은 없었지만 가만히 앉아 있으면 바람도 제법 솔솔 불었다. 일단 이 극한 더위는 피할 수 있을 것 같았다. 더 시원한 곳을 찾겠다고 돌아다녀 봐야 이젠 정말 더위 먹고 병이 날 것만 같아서 무작정 이곳에

자리를 잡았다. 코너를 돌아 밖에서는 잘 보이지 않는 곳에 혼자 조용히 앉았다.

하지만 한 번 열려 버린 땀구멍에서는 땀이 그칠 생각을 하지 않았다. 도저히 안 되겠다는 생각이 들어서 축축해진 웃옷을 벗어 버리기로 했다. 해변이 아닌 공공장소에서 옷을 벗다니 처음 있는 일이었다. 해변도 아니고…….
하지만 시선 따위 신경 쓰기엔 정말 참을 수 없을 정도로 더웠다. 다행히 주변엔 아무도 없고 무엇보다 여긴 쿠바가 아닌가! 에라 모르겠다. 쿠바, 리브레!

그리고 곧이어 다이키리 한 잔이 나왔다. 그런데 차메로가 까사에서 만들어 줬던 '톡 쏘는 맛'이 나지 않았다. 탄산음료 대신 알코올 비율을 높였는지 럼 특유의 쌉싸름한 맛만 입 주변에 감돌뿐이었다. 결국 탄산수 한 잔을 따로 시켜서 섞어 마셔야 했다. 이제야 그 맛이 좀 나는 것 같았다. 달달하고, 부드럽고, 향도 좋았다. 이거다 이거! 그리고 조용히 책을 펴 들었다. 하지만 술기운이 돌아서였을까? 졸음이 밀려왔다.

정신을 다시 차렸을 땐 눈앞이 캄캄했다. 테이블에 엎드린 채 잠에 들었던 것이다. 주변은 어느덧 무척이나 소란스러웠다. 그새 테이블마다 손님들이 들어찬 모양이었다. 이런, 언제 이렇게 많아졌지? 나는 바로 일어나지 못하고 한참을 그대로 엎드려 있어야 했다. 그러다 힐끔 눈을 들어 아무도 이쪽을 쳐다보지 않는다는 걸 확인한 뒤 주섬주섬 상의를 주워 입고 얼른 그곳을 빠져나왔다.

- 2018년 6월 25일 여행 10일차

아바나
온난화
→ 영상으로 보기

4박 5일 이었다고?

"여보세요?"

"……."

"무슨 일 있어?"

"그 여자 누구야?"

"…여자?"

인스타그램에 올렸던 사진 한 장이 화근이었다. 며칠 전 히론 코코비치에서 물장구치는 내 모습을 올리면서 이 사진을 촬영한 은주를 태그 했었다. '아니, 저기, 잠깐만, 그게 아니라…….' 여자친구에게 자초지종을 설명하고 오해를 풀었지만 그러느라 20분이 넘게 걸려버렸다. 어쩌지! 어제 불러놨던 산타 클라라행 콜렉티보 택시가 올 시간이었다.

나는 헐레벌떡 숙소로 뛰어왔다. 차는 이미 도착해 있었다. 일단 까사로 올

▲ 트리니다드에서 와이파이가 가장 안정적으로 잡혔던 병원 앞 골목

라와 후다닥 짐을 챙겨 나왔다. 바로 그때 누군가 앞길을 가로막았다. 내역서를 든 주인장, 레오나르도였다.

"자, 이제 계산해야죠?"
"아참, 후불이죠. 밖에 차가 기다리고 있으니 얼른 해 주세요."
"3박 하셨고 데사유노(아침 식사) 두 번 하셨으니까, 21쿡입니다."
"어라? 아닌데요? 첫날은 여기가 아니라 차메로네서 잤습니다. 2박이고 13쿡이네요."

'무슨 소리 하는 거야 진짜…….' 마음속에 쌓였던 까사에 대한 불만이 순간 폭발했다. 애초에 왜 이런 곳에 왔을까. 이틀 전, '와이파이가 되는 까사'

라는 소문을 듣고 찾아왔지만 기계 고장을 이유로 한 번도 그런 호사는 누릴 수 없었다. 그 뒤 2박 3일을 묵으면서 방 청소 한 번을 받지 못했다. 날마다 꼬질꼬질한 침대보 위에서 불편하게 잠들어야 했던 이유다. 샤워 시설도 문제였다. 온수는 잘 나왔지만 황당하게도 냉수가 안 나왔던 터라 샤워 한 번 할 때면 피부가 벌겋게 달아올랐다. 수도 스위치는 만질 때마다 '찌릿찌릿' 전기가 새어 나와 놀랄 때가 한두 번이 아니었다. 그나마 그동안 군소리 않고 있었던 건 하루 5쿡이라는 저렴한 투숙료 때문이었는데, 갑자기 이렇게 바가지를 씌운다니…….

하지만 밖에서 연신 빵빵 하는 클랙슨 소리가 들렸고 결국 백기를 든 건 내 쪽이었다. 아쉽지만 계획했던 돈보다 8쿡이나 더 낼 수밖에 없었다. 순 날강도다 싶었지만 한국에서 만 원도 안 되는 돈이니까 참기로 했다. 그렇게 캐리어를 싣고 버스 자리에 올랐다.

그러고 보니 이건 또 왜 택시가 아니라 버스인 걸까. 어제 분명히 '콜렉티보 택시'라고 해서 불렀는데 실제로 와 있는 건 노란색 중형 버스였다. 또 당했다는 생각이 들었다. 하…. 따져 묻고 싶었지만 그럴 힘이 없었다. 더 이상 누구든 갈등하고 싶지 않았다. '에라 모르겠다.' 모로 가도 산타 클라라만 가면 되지 않겠냐며 마음을 다독였다.

버스가 트리니다드를 빠져나갈 무렵 스마트폰 달력을 차분히 확인했다. 언제 아바나에 와서 언제 히론으로 왔고, 그리고 언제 트리니다드로 왔는지 되짚어 보았다.

그런데, 헉! 그가 맞았다.

레오나르도 까사에서만 3박, 차메로네에서 잤던 하루를 포함하면 이곳에서 4박 5일이나 지냈던 것이다. 얼마 안 된 것 같았는데 벌써 닷새나 됐다니……. 매일이 덥고 습해서 힘든 시간이었다고 생각했는데 시간은 이렇게나 빨리 갔었다. 레오나르도 아저씨를 의심한 게 미안했다.

인터루드

쿠바의 시가, 코이바(Cohiba)

시가랑 담배는 어떻게 다를까? 마른 담뱃잎을 갈아서 종이에 싼 게 담배, 즉 시가렛이라면 시가는 마른 담뱃잎 10여 장을 포개어 둘둘 만 것을 말한다. 별도의 화학 첨가물을 더하지 않고 6개월에서 3년 정도를 숙성해 완성한다. 쿠바산이 유명한데 그중 최대 생산지는 비날레스로 전해진다. 비날레스를 찾았을 때 신선한 시가를 피워보고 싶어 공장을 직접 찾았지만 폭우가 세차게 내린 탓에 아쉽게도 발길을 돌릴 수밖에 없었다.

시가를 처음 피워본 건 트리니다드 '동굴 클럽'에 가면서였다. 까사 주인에게 받은 한 개비를 가방 한구석에 꽁꽁 숨겨 놨다가 그때 꺼냈다. 한쪽 끝을 전용 가위로 자른 뒤 반대편에 불을 붙였다. 엄청나게 쓰다더니 생각보단 싱거웠다. 연기를 입에만 머금었다 뱉는 겉 담배 외에도 목구멍 안쪽으로 넘기는 속 담배까지 해 봤는데 마찬가지였다. 싸구려여서 그랬을까?

쿠바 시가 중 최고 품질을 자랑하는 브랜드는 단연 '코이바(Cohiba)'로 알려져 있다. 한 개비 당 최대 20쿡에 이른다. 아바나에선 럼 박물관이나 오비스포 거리 초입에 있는 '까사 델 론'에서 사는 게 품질이나 가격 면에서 적당하다고 한다. 많은 현지인들이 길거리나 까사를 통해 판매하고 있는데, 품질이 담보되지 않으므로 피하는 것이 좋다. 또 담뱃갑에 들어 있어 보관이 쉽고 가격도 비싸지 않은 소형 시가가 있다고 해서 아바나에서 수소문해 봤지만 아쉽게도 찾을 수 없었다.

쿠바로그 04

혁명군이 숨 쉬는 산타 클라라 (Santa Clara)

빨갛고 커다란 오스탈 대문

"숙소가 어딥니까."

콜렉티보 기사는 승객이 오를 때마다 이렇게 물었다. 각자의 목적지 앞에 내려 주기 위해서였다. 무거운 백팩이나 캐리어를 들고 이동하는 여행객들에게는 최고의 서비스였다.

나는 얼른 가이드북을 뒤지기 시작했다. 그때까지 숙소를 정하지 못하고 있었다. 어느 호텔은 방값이 비싸고 어느 까사는 중심부와 너무 멀고……. 이것저것 따져 보다 어렵게 고른 곳은 고풍스런 철제 장식으로 인테리어가 돼 있다는 소개말이 눈길을 끄는 바로 오스탈 비비안 리베로였다. '까사'가 아니라 '오스탈(Hostel)'이라고 하니 어쩐지 시설도 더 좋을 것 같았다. 시내 중심부까지도 한달음에 갈 수 있는 거리였다.

살짝 맘에 걸린 건 방값이 하루 20쿡이라는 사실이었다. 아바나에서 묵었

▲ 오스탈 비비안 리베로 앞에서 막 출발한 콜렉티보 택시, 아니 콜렉티보 버스(?)

던 까사 호아키나나 요반나와 비교하면 2배, 트리니다드 레오나르도와 비교하면 무려 4배에 달하는 금액이었다. 물론 20쿡이라고 해봤자 우리 돈으로 따지면 2만원 밖에 안 되는 금액이었다. 그래, 이제 궁상 좀 그만 떨 때도 됐다 싶었다. 한국의 모텔 방값에 절반도 안 되는 돈인데……. 사서 고생이 이번 여행의 컨셉이었지만 이제 일정도 중간 지점을 넘겼으니 이 정도는 괜찮겠지 싶었다.

행선지를 늦게 정한 탓에 다른 승객들이 모두 내린 뒤에야 버스는 내 목적지에 도착했다. 곧바로 빨갛고 커다란 오스탈의 대문을 바라봤다. 작은 틈도 허락하지 않고 굳게 닫혀 있었다. 철제 고리로 된 손잡이가 있었지만 아무리 세게 당겨도 꿈쩍도 하지 않았다. 첫날 아바나 호아키나 까사 앞에서 어리바리하게 서 있던 그때 기억이 스쳤다. 그때는 그나마 초인종이라도 있었다. 하지만 여긴 초인종은커녕 손등으로 '똑똑' 하고 노크해도 대문이 너무 두꺼워서 소용이 없었다. 어째 '너 들어오지 말라'라고 놀리는 것만 같아 서러운 마음이 들 정도였다.

끼이익, 그때였다. 누군가 문을 열고 나왔다. 넉넉한 인상의 할머니였다. 내가 앞에 서 있다는 걸 어떻게 알았을까? 나중에 물어보니 철제 손잡이를 살짝 들었다가 놓았을 때 대문과 부딪혀 난 소리를 듣고 나왔다고 했다. 그리고 여기선 그게 초인종이나 노크를 대신한다며 나갔다 들어올 때는 앞으로도 그렇게 불러 달라고 했다. 하아…… 어느 하나 쉬운 게 없다.

일단 캐리어를 질질 끌고 안쪽으로 들어갔다. 호스텔은 생각보다 컸다. 집 안에 아늑한 정원이 있을 정도로 여유 있는 규모였다. 간단한 절차를 거친 뒤 드디어 '내 방'으로 안내를 받았다. 쿠바 와서 처음 갖는 1인실이었다. 이젠 다른 사람 시선을 의식할 필요도 없었고, 분실 걱정 없이 소지품을 이리저리 어지럽혀 놓을 수도 있었다.

침대는 좌우로 뒹굴 수 있을 정도로 넓은 더블 사이즈였다. 냉장고도, 거울도, 선풍기도, 에어컨도 모두 혼자 쓸 수 있었다. 안쪽 벽을 돌아 들어가면 화장실도 따로 있으니 늦게 들어와도 눈치 보지 않고 샤워를 할 수 있었다. 온수도, 그리고 이젠 냉수도 콸콸 잘 나왔다. 신난다! 심지어 방에서 인터넷까지 잡혔다. 우와! 물론 와이파이 카드를 써야만 접속이 됐지만 그래도

SPECIALIDADES
UNIDAD
ULEVARD 2

▲ 금강산도 식후경. 가이드북에서 찾아낸 식당 '카페 에우로파'에서 햄버거와 오믈렛, 파인애플주스를 시켜 먹었다. 모두 합쳐 단돈 6쿡에 해결했다.

이제 인터넷을 하겠다고 멀리까지 나갈 필요가 없었다. 침대에 누워서 페이스북 접속하는 게 이렇게 꿈만 같은 일이 되다니…….

체 게바라를 찾아서

"기사님, 비아술 터미널로 부탁드려요."

"알겠습니다. 터미널은 왜 가세요?"

"내일 바라데로 가는 버스 티켓을 미리 끊으려고요."

"비아술보다 콜렉티보가 좋아요. 반값에 타게 해줄게요."

"택시 맞죠? 버스 아니죠?"

콜렉티보 버스라니 뭐 그런 황당한 질문이 있냐는 표정이었다. 오전에 당한 일을 설명하고 싶었지만 어설픈 스페인어로 거기까지 말할 자신이 없었다. 그런 내게 택시 기사는 한 차례 코웃음을 친 뒤 차를 다시 원점으로 돌렸다. 비달 공원 근처, 아니 그보다 조금 더 안쪽 골목으로 빠져 들어갔다. 왠지 으스스한 분위기였다. 함께 내린 기사는 장애가 있는지 한쪽 다리를 질질 끌었다. 좀 불안했지만 일단 그 길을 믿고 따를 수밖에 없었다.

맞은편에는 30대쯤 돼 보이는 깡마른 현지인 남성이 서 있었다. 만나자 마자 악수를 청하고 친한 척 하는 꼴이 딱 봐도 장사치구나 싶었다. 쿠바살이 어느덧 열흘째. 경험상 가장 조심해야 할 부류라는 것을 알았다. 하지만 이 사람을 거쳐야 내일 바라데로로 넘어갈 콜렉티보 택시를 싸게 잡을 수 있다고 했다. 그래, 좀 싸하긴 했지만 밑져야 본전이었다. 형씨, 내일 아침에 오스탈 비비안 리베로 앞으로 차 한 대 보내 줍쇼. 그렇게 예약을 확정하고서 옆에 기다리던 택시에 다시 올라 탔다.

"이번엔 어디로 모실까요?"

"체 게바라 기념관으로요."

"기념관 주차장으로 가겠습니다. 안쪽으론 못 들어가요."

드디어 내 어릴 적 우상, 에르네스토 체 게바라 기념관으로 향했다. 그는 아르헨티나 출생이지만 누구보다 쿠바를 사랑했다. 피델 카스트로와 함께 쿠바 혁명에 가담해 게릴라군을 이끌었고 지금의 쿠바라는 나라를 만드는 데 기여했다. 라틴아메리카 민중 혁명을 위해 싸우다 끝내는 서른아홉의

젊은 나이로 볼리비아에서 숨졌다. 현실의 안락이나 권력에 안주하지 않고 인류의 진보에 목숨을 바친 인물로 평가되면서 '전사 그리스도'와 같은 별명이 붙었다. 프랑스 실존주의 철학자 사르트르는 '20세기 가장 완전한 인간'이라고 극찬하기도 했다.

그는 내가 열다섯 중학생 시절 매일 같이 입고 다니던 검은색 티셔츠의 주인공이었다. 얼마나 마음에 들었는지 나는 그 옷을 매일 교복 안에다 받쳐 입곤 했다. 스무 살 책가방 한 자리를 차지하고 있던 700쪽짜리 평전의 주인공이기도 했다. 책을 그리 가까이하지 않을 때라 독파하는 데 몇 달이나 걸렸지만, 그의 매력은 나를 계속 매료시켰다.

이번 여행에도 그를 향한 애정을 잔뜩 담아 왔다. 누가 체의 팬 아니랄까봐 티셔츠에도 팔뚝에도 그의 얼굴을 새겼다. 티셔츠는 지난 싱가포르 여행에서 공수해 온 것이었다. 여행을 출발하기 전에는 스무 살 때 읽었던 평전을 다시 읽기 위해 집어 들었었다. 하지만 아쉽게도 업무에, 여행 준비에 쫓겨 결국 다 읽지는 못했지만 집에 가기 전까지 마칠 수 있으리라 생각했다.

그렇게 택시 기사가 내려 준 주차장 앞에는 그의 동상이 기념비와 함께 우뚝 서 있었다. 수백 수천 번 봤던 얼굴이지만 이렇게 보니 또 새로웠다. 사진은 이쪽저쪽 여러 각도에서 계속 찍었고 고프로 카메라로 영상도 촬영했다. 그러고 나서도 그냥 돌아서기 아까워 다른 이들에게 카메라를 맡기고 내 모습이 같이 들어간 사진까지 다양하게 남겼다.

이후 기념비 뒤편 아래쪽 계단으로 내려가 기념관을 둘러봤다. 체의 출생

HASTA
LA VICTORIA
SIEMPRE

신고서부터 어린 시절 사진, 아르헨티나 집 현판, 학생 시절 성적표, 게릴라 전투 때 쓰던 총과 펜까지 거의 모든 사진과 물건들을 실물로 모아 놓은 곳이었다. 촬영이 엄격하게 금지된 곳이라 아쉽게도 내부 사진은 남길 수 없었다.

내부는 온도와 습도까지 철저하게 관리되고 있었다. 쿠바에 와서 이렇게 실내에 에어컨을 빵빵하게 틀어놓은 건 처음 봤다. 물자도, 전기도 부족한 나라지만 자랑스러운 역사를 기억하고자 하는 열망이 얼마나 큰지 짐작할 수 있는 대목이었다. 어쩌면 그런 긍지가 이 나라 사람들을 가난에서 구할 희망이 되지 않았을까.

특히 나의 눈길을 끈 건 한 통의 편지였다. 기념비에도 새겨져 있던 것으로 체가 쿠바를 떠나면서 피델에게 남긴 편지였다. '승리의 그날까지, 조국 아니면 죽음을(Hasta la Victoria Siempre, patria o muerte)'이라는 마지막 문장을 중심으로 유명한 경구처럼 인용되는 글이다. 내게는 편지의 다른 부분이 더 진하게 남았다. 정치적 선동보단 동료에 대한 사랑을 느낄 수 있는 부분이었다.

> *'공식적으로 당의 지도자로서의 지위와 정부 내의 직책, 사령관이라는 계급 그리고 나의 쿠바 시민권을 반납하겠습니다. 쿠바와 저는 전혀 법적인 연관이 없습니다. 오직 문서상으로 깨뜨릴 수 없는 다른 성격의 끈만이 남아 있습니다.'*

'캬, 명문이다!'

기념관을 나와서는 매점에서 음료를 한 캔 집어 들었다. 벤치에 앉아 저 멀리 체의 동상을 바라보며 '톡' 하고 캔을 땄는데 이게 또 하필 '자본주의의 상징' 코카콜라였다. 덕분에 청량한 탄산이 목구멍을 긁을 때 느껴지는 짜릿함을 느끼면서 자본주의와 사회주의가 교차하는 지점의 오묘한 역설을 같이 경험할 수 있었다.

지금의 개방화된 쿠바를 죽은 체가 본다면 뭐라고 할까. 아마 사회 경제적 수준에 대해서는 안타까워하겠지만 수정주의 자체를 두고 성을 내진 않았을 것 같다. 그는 생전 누구보다 세상의 변화를 빠르게 읽었고 민족의 해방과 구성원의 삶이 이데올로기보다 더 중요하다고 믿었기 때문이다.

게릴라 참전군을 만나다

기념관을 둘러본 후, 산타 클라라 시내로 돌아가기 위해 기념관 정문 쪽으로 내려왔다. 택시가 있을 것으로 예상했던 자리에는 놀랍게도 마차가 줄지어 서 있었다.

언젠가 한 번 타보고 싶었는데 마침 잘 됐다 싶었다. 가격도 착했다. 시내 중심까지 4쿡이었다. 한참을 흥정한 끝에 얻어낸 가격이었지만 택시 요금의 절반도 안 되는 수준이었다. 가격을 보니 관광객뿐 아니라 실제 현지인들에게도 이용되는 교통수단인 것 같았다.

좀 덜컹거리긴 했지만 그래도 탈 만했다. 다만 속력을 내거나 방향을 전환할 때마다 채찍으로 말의 등짝을 때리는 장면을 지켜보는 게 내겐 쉽지 않았다. 여기 사람들이야 이게 일상이니까 그러려니 하겠지만 어쨌든 말도 고통이란 걸 느낄 테니까 말이다. 또 아쉬웠던 건 목적지인 숙소 앞에 다다르기 전에 마차에서 내려야 했다는 점이었다. 마차가 좁은 골목에 들어갈

수 없다는 이유에서였다. 어쩔 수 없이 비달 공원 근처에서 내렸다. 여기서 다시 택시를 잡자니 돈이 아깝고 다시 뙤약볕을 걷기로 했다. 그렇게 공원을 가로지르려는데 낯익은 얼굴이 보였다. 낮에 만났던 콜렉티보 택시 브로커였다. 아까는 왠지모를 찜찜함에 불편했는데 그래도 오랜만에 영어 하는 사람을 만났다고 반가웠다.

"기념관 잘 다녀왔어?"

"좋더라. 지금 막 돌아왔어."

"체 게바라 옷도 입고 있네. 정말 좋아하는구나. 잠깐, 잠깐만 여기 있어 봐."

"왜, 무슨 일인데?"

그는 곧이어 공원 반대편에 있던 한 노인을 데리고 왔다. 다 늘어진 흰 티셔츠에 반바지를 입고 있었고 볼품없는 모자 밖으로 흰 머리가 삐쳐 나와 있었다. 연세가 지긋하신 것 같았는데 얼굴은 왠지 귀여운 인상이셨다.

"이 분이 누구신데?"

"체와 함께 게릴라 전투하셨던 참전군 용사셔."

"헉! 안녕하세요. 몰라 뵀습니다. 저는 한국에서 왔습니다."

"산타 클라라에 온 걸 환영해요."

"어릴 때부터 체 게바라 팬이었습니다. 여기도 그래서 왔어요."

"좋군요. 우리 마을은 그를 기억합니다."

대화는 오래 가지 못 했다. 이럴 줄 알았으면 스페인어나 조금 더 배워올 걸. 아니 영어라도 잘했다면 옆에 있던 브로커한테 통역이라도 부탁해 대화해볼 수 있었을 텐데……. 좋은 인터뷰 기회를 눈앞에 두고도 이렇게 날리다니, 두고두고 아쉬울 것 같았다.

잠깐 숙소를 들렀다가 그 다음으로 '트렌 블린다도(Tren Blindado)'로 향했다. 이곳에는 체 게바라의 혁명군 게릴라 부대가 정부군에게 대승을 거뒀던 무장열차와 철로를 끊는 데 사용했던 불도저가 잘 복원돼 있었다. 당시 혁명군은 매복했던 병력으로 상대를 제압하는 데 성공한 뒤 아바나로 진군의 교두보를 마련한 것으로 알려졌다. 낮에 들렀던 곳이 후에 만들어 놓

▲ 혁명군 게릴라 부대가 정부군에게 대승을 거뒀던 무장 열차

▼ 혁명군이 철로를 끊는 데 사용했던 불도저

은 기념관에 불과했다면 여긴 정말 체와 혁명군의 숨결이 느껴지는 실제 전투 현장이었다.

그리고는 다시 시내 쪽으로 돌아왔다. 해가 지기 전 늦은 저녁의 아쉬움을 붙잡고 잠시 공원에 머물렀다. 여기선 축구공을 현란하게 드리블하던 소년들과 훌라후프 하나로 까르르 웃던 소녀들을 만났다. 벤치에 붙어 앉은 연인과 잔디에 삼삼오오 모여 있던 가족들까지 모두 평온하고 정겨운 모습이었다. 여기에 잿빛 하늘과 초록의 나무들은 그 색채가 오묘하게 어우러져 한 폭의 수채화를 보는 것 같았다.

산타 클라라는 아바나처럼 너무 크거나 복잡하지 않고, 그렇다고 히론처럼 너무 작거나 조용하지 않은 딱 적당한 규모의 도시였다. 혹시 쿠바에 장기간 살아야 할 일이 생긴다면 나는 지체 없이 이곳을 택할 것 같았다.

게릴라 참전군을 만나다

+ 영상으로 보기

지옥의 헤드뱅잉

조용하고 아늑한 산타 클라라에도 클럽이 있었다. 바로 가이북에서 찾은 '메훙헤(Mejunje)'라는 클럽이었다. 살사뿐만 아니라 로큰롤, 재즈 등 매일 프로그램을 바꿔가며 산타 클라라의 밤을 소란스럽게 리드한다고 했다. 그곳엔 어떤 사람들이 있을까? 어떤 음악이 나올까? 분위기는 어떨까?

중심지와는 살짝 벗어난 골목에서 클럽을 찾았다. 입장료로 4쿡을 내고 들어갔더니 술 한 잔 마실 수 있는 교환권이 주어졌다. 안쪽은 생각보다 어두웠다. 천장이 뻥 뚫려 있었는데 그믐이었는지 달빛도 보이지 않았다. 군데군데 설치된 작은 조명으로 그나마 눈앞의 상황만 파악될 뿐이었고 어두워서 뚜렷하진 않았지만 시멘트 담으로 사방이 막혀 있는 것 같았다.

대신 메탈 록 음악이 쩌렁쩌렁하게 귀에 울렸다. 통로에는 스케이트보드 수십 개가 허리춤까지 겹겹이 쌓여 벽을 만들고 있었다. 나름 '있어 보이는' 사물이라고 배치해 둔 게 아닐까 싶었다. 그리고 그 벽 안쪽에는 20~30

대 젊은 남녀가 빼곡히 서 있었다. 바로 그곳이 스테이지였다. 스테이지 안쪽에 있는 이들은 모두 음악에 맞춰 머리를 앞뒤로 흔들어 댔다. 그렇다. 헤드뱅잉이었다. 그들은 이렇게 몇 분 동안 같은 패턴으로 머리만 흔들었다. 그게 춤인지 뭔지는 잘 모르겠다. 우스꽝스럽기보다는 좀 괴기스러웠다.

90년대 록밴드 보컬처럼 머리를 장발로 기른 남성들도 많이 보였다. 헤드뱅잉을 하려고 길렀던 걸까? 엄지만 쭉 뺀 왼손을 옆구리에 얹은 뒤 오른손으로 있지도 않은 기타를 치는 척하며 꿈틀거리는 이들도 곳곳에서 보였다.

이윽고 더 강렬한 비트의 음악이 나왔다. 그러자 하나둘 웃통을 벗어젖히더니 서로를 향해 '몸통 박치기'를 시전했다. 옆에 있는 사람에게 어깻죽지를 내밀고 3~4m 정도 달려가서 꽝 하고 부딪치기를 반복했다. 상대를 발로 차거나 손으로 밀어내는 동작도 종종 보였다. 록 페스티벌에 가면 일부 구간에서 이런 식으로 노는 경우가 있다는 말을 언젠가 들은 적이 있는데 거긴 어떨지 모르겠다. 여하튼 좁고 어두침침한 이곳에서 재현되는 모습은 눈 뜨고 보기 어려울 지경이었다.

웬만하면 이해가 안 돼도 '문화가 다를 뿐'이라며 넘길 텐데 이곳은 끝내 적응할 수가 없었다. 그러고 싶지도 않았다. 잠깐 머리나 식힐 겸 입장 때 받았던 교환권으로 칵테일을 받아 마셨는데, 젠장! 이것도 맛이 없어서 결국 포기하고 밖으로 나왔다. 시계를 보니 20분도 채 있지 않았다. 그렇게 방에 돌아와 찾아보니 주말에는 게이들의 성지가 되는 곳이라고 나와 있었다. 하…. 미안하지만 내 스타일은 아니었다.

어쩌면 단순히 사람이 고팠는지도 모르겠다. 많은 사람들과 어울리다 드디어 혼자가 됐다며 좋아했는데 이렇게 또다시 사람을 찾고 있을 줄이야……. 혼자 빨빨거리며 자유롭게 원하는 곳을 돌아다닐 수 있는 건 좋았지만 마음 한편이 또 허전했다. 나도 내 마음이 뭔지 잘 모르겠다. 그러고 보니 이곳 산타 클라라에 온 뒤로 동양인은 한 명도 보지 못했다. 도시 전체에 동양인이 나 혼자라니, 어쩐지 영화의 주인공이라기보다는 외계인이 된 것만 같은 느낌이었다.

- 2018년 6월 26일 여행 11일차

누나가 왜 거기서 나와?

또 당한 건가. 아무리 기다려도 콜렉티보 택시는 모습을 드러내지 않았다. 캐리어 가방을 끌고 숙소 앞 길가에 서서 멍 때린 지도 벌써 50분이 지났다. 다른 택시라도 알아볼까 싶어 막 자리를 뜨려 하는데 누군가 나를 불렀다.

"헤이, 꼬레아노."

오스탈 주인 할머니가 다급한 목소리로 나를 불러 세웠다. 그는 투박한 디자인의 무선 전화기를 한 손에 들고서 택시가 곧 도착한다는 희소식을 전했다. 그리고 얼마 뒤 정말 택시가 도착했다. 내부가 3열로 배치된, 넓은 8인승 승용차였다. 기사와 어제 그 브로커가 함께 내렸다. 물론 일언반구 사과도 없었다. 외려 심기를 더 거슬렀다.

"25쿡, 선불이야."

"뭐? 어제 얘가 15쿡이랬어."

"그럴 리가. 우리 원래 25쿡 받아."

"뭔 소리야. 비아술로 가도 20쿡이면 되는데 무슨 25쿡이야? 난 그냥 비아술 탈래. 잘 가."

짜증을 가득 담아 소리쳤다. 물론 실제로 비아술을 타려 했던 건 아니다. 여기서 터미널까지 가고 거기서 표를 예매한 뒤 기다렸다 출발하려면 시간이 얼마나 더 걸릴지 모르는 터. 울렁이는 버스에서 또 진땀을 빼고 싶지도 않았다. 이런 내 마음을 알았는지 모르겠지만 기사는 조용히 다가와 속삭였다.

"20쿡에 해 줄게."

"싫어."

"알았어. 그럼 15쿡. 대신 안에 있는 애들 25쿡씩 냈으니까 조용히 해."

후후. '그냥 간다'는 마법 같은 흥정 기술은 역시 세계 어디서든 먹혔다. 15쿡은 다른 승객들에게 보이지 않도록 차 뒤편에서 조용히 건넸다. 그리고 드디어 탑승해 먼저 타고 있던 서양인 관광객들에게 헬로, 하고 짧게 인사를 건넨 뒤 두 번째 줄 문 앞에 착석했다. 얘네들 하나하나 다 태우고 오느라 늦은 것 같았다. 어쨌든 부릉부릉, 드디어 출발했다.
그 길로 바라데로까지 직행하면 좋으련만 차는 5분 만에 또 섰다. 비아술 터미널에서였다. 브로커가 내렸고 이어 다른 2명을 차에 태웠다. 이렇게 꽉 꽉 채워 가는 것 같았다. 그런데 앞쪽에서 티격태격 하는 소리가 들렸다.

"저는 20쿡으로 알고 탔는데요."

"25쿡입니다."

하…. 정말 대단들 했다. 그들의 협상(?)은 22쿡에 마무리됐다. 이젠 정말 간다. 짧았던 산타 클라라, 체 게바라의 도시. 여유가 있었지만 혼자라 또 심심했던 이곳, 안녕. 오랜만에 이어폰을 귀에 꼽고 긴장을 풀었다. 금세 스르르 잠에 들었다.

"20분만 쉬었다 갑니다."

광속으로 달리던 차는 휴게소 앞에서 멈췄다. 아니 휴게소라기 보단 도로 한 쪽에 마련된 화장실 건물이었다. 문 앞에 앉아 있던 나는 차에서 가장 먼저 내려 화장실로 향했다. 화장실 내부는 벽에 칠이 다 벗겨져 있었고 겉보기와 마찬가지로 악취가 진동했다. 불행인지 다행인지 남성용 소변기가 따로 없어서 칸막이 안쪽으로 들어가야 했다.
볼일을 보고 나왔을 때 밖에서 키 큰 사람 하나가 들어왔다. 늘씬한 몸매에 머리가 길어서 허리까지 내려온… 헉, 여자였다. 차에서 바로 옆자리에 앉아 있던 네덜란드 처자였다. 누나가 왜 거기서 나와? 여자화장실을 못 찾았나? 그는 나를 흘끔 보더니 당황한 기색도 없이 칸막이 안쪽으로 들어갔다. 아니, 아무리 자유분방하다지만 이래도 되는 거야? 얼른 손을 씻고 밖으로 나왔다. 불길한 예측이 든 건 이때쯤부터였던 것 같다. 나의 시선은 자연히 입구에 붙은 성별 표식으로 향했다. 손바닥만한 크기의 네모난 표지에는 치마 입은 여성이 일러스트 그래픽으로 형상화돼 있었다. 어? 그렇다면 여기는…, 여자 화장실이었다. 아이고, 미안합니다. 고의는 아니었다고 마음속으로 사과했다.

인터루드

피델에게 보내는 체 게바라의 마지막 편지

피델에게.

지금 이 순간 많은 것들이 기억납니다. 당신을 처음 마리아 안또니아의 집에서 만났을 때와 당신이 처음 나의 합류를 제안했을 때, 훈련 기간 중의 그 긴장감들.

하루는 서로 사망 시에 누구에게 통보해야 하는지에 대해서 물었었죠. 그리고 그런 일이 진짜로 일어날 수 있다는 사실을 우리 모두 실감했었지요. 나중에 우리는 혁명 과정 중에서 누군가 승리하거나 죽는다는 것이 현실이라는 것을 알게 되었습니다. 많은 동지들이 승리를 향한 길 위에서 쓰러졌습니다.

우리가 더 성숙해짐에 따라 이제 모든 것들이 그보다는 덜 과격하겠지요. 하지만 역사는 반복됩니다. 나는 쿠바 내에서 그 혁명을 위해 내게 맡겨졌던 나의 의무를 완수했다는 생각이 듭니다. 또한, 당신과 동지들 그리고 이제 나의 국민들이기도 한 당신의 국민들에 작별을 고합니다.

공식적으로 당의 지도자로서의 지위와 정부 내의 직책, 사령관이라는 계급 그리고 나의 쿠바 시민권을 반납하겠습니다. 쿠바와 저는 전혀 법적인 연관이 없습니다. 오직 문서상으로 깨뜨릴 수 없는 다른 성격의 끈만이 남아 있습니다.

지나온 나의 삶을 회상해 보면, 나는 명예롭게 확고한 혁명의 승리를 위해 기여했다고 믿고 있습니다. 단 하나의 중대한 실수라면 시에라 마에스트라에서 당신에 대한 확신을 처음부터 갖지는 못했다는 것과 당신의 혁명가로서 그리고 지도자로서의 자질을 더 빨리 이해하지 못했다는 것뿐입니다.

나는 숭고한 날들을 살아왔고, 계속되는 카리브해의 위기들을 당신의 곁에서 우리의 국민들과 함께 했음에 자부심을 느낍니다. 그와 같은 시기에 당신만큼 현명하게 대처할 수 있는 사람은 많지 않을 것입니다. 또한, 주저없이 당신을 좇았던 당신의 사고와 직관 그리고 위험과 원칙에 대한 판단을 이해할 수 있었던 스스로에 자부심을 느낍니다.

세계 다른 나라들이 나의 부족한 힘을 필요로 하고 있습니다. 쿠바의 지도자로서의 당신의 책임 때문에 당신이 하지 못하는 그 일을 내가 하려 하며, 우리를 헤어지게 할 그 시간이 다가오고 있습니다.

기쁨과 슬픔의 복합적인 감정인 나를 이해해 주기 바라며, 설계자로서의 가장 순수한 희망 그리고 내가 가장 사랑하는 이들을 남기고 갑니다. 나를 아들로 받아주었던 이들을 남기고 가며, 깊은 아픔을 느낍니다. 새로운 전장으로 당신이 가르쳐 준 신념들, 나의 인민들의 혁명 정신, 그리고 제국주의가 존재하는 어느 곳에서나 그에 맞서 싸움으로 가장 성스러운 의무를 완수하겠다는 마음가짐을 안고 떠납니다. 나의 깊은 아픔을 이로 치료하고 위로할 것입니다.

다시 한 번 쿠바의 모든 책무에서 벗어남을 밝히며, 다만 좋은 본보기로의 쿠바를 간직하겠습니다. 만약 나의 마지막 순간을 다른 하늘에서 맞이한다면, 나의 마지막 상념은 이 나라 사람들에 있을 것이며, 특별히 당신을 향할 것입니다. 당신의 지도와 당신의 모범에 감사하며, 나는 내 행동의 마지막 결말에 이르기까지 성실히 임할 것입니다.

나는 우리 혁명의 대외적 정책에 관해 항상 신경을 두고 있었고, 앞으로도 그럴 것입니다. 내가 어디에 있던지 쿠바 혁명의 일부로써 책임을 느낄 것이며, 그에 따라 행동할 것입니다. 나의 아이들과 아내에게 무엇도 남겨 주지 못함이 안타깝지는 않습니다. 이를 오히려 기쁘게 생각하며, 내가 요구하지 않더라도 국가가 그들의 필요와 교육에 충분한 것을 제공할 것임을 알고 있습니다.

당신과 우리 인민들에게 더 이야기하고 싶지만, 불필요하리라는 생각이 듭니다. 말로 내가 바라는 바를 표현할 수 없을 뿐더러 졸필로는 의미가 없으리라 생각합니다.

승리의 그 날까지! 조국 아니면 죽음을!

내 모든 혁명적 열정으로 당신을 포옹합니다.

쿠바로그 05

가성비 최고 휴양지, 바라데로 (Varadero)

올 인클루시브

쿠바섬 북쪽 끝, 아바나에서 동쪽으로 140km쯤 떨어진 곳. 바다 쪽으로 '지팡이' 같이 툭 튀어나온 반도가 20km나 이어져 있다. 이곳은 바로 중남미 최고의 휴양지 가운데 하나인 바라데로다. 아름다운 해변과 천혜 자연 환경 덕에 일찍이 19세기부터 개발됐다고 한다. 쿠바를 찾는 외국인들이 아바나 다음으로 많이 찾는 곳이며, 특히 신혼여행이나 가족 휴양지로 인기 있는 곳이다.

미국 마이애미와는 플로리다 해협을 마주하고 있다. 미국인들이 쿠바와의 수교 단절 이후 멕시코 칸쿤에 추가로 휴양지를 개발했다고 하지만, 본디 원조 휴양지는 이곳이었다.

바라데로 호텔 대부분은 올 인클루시브(All-Inclusive) 정책을 채택하고 있다. 기본 투숙비에 말 그대로 '원하는 모든 것'이 포함된 것을 말한다. 덕분에 프라이빗 비치는 물론 식사와 주류 등 다양한 혜택이 한 방에, 그것도 아주 저렴하게 해결된다. 1인 기준 1박에 30쿡부터 아무리 비싸도 120쿡이면 충분하다. 4~5성급 호텔도 100~120쿡 선이다. 물론 의사의 한 달 월급이 30쿡인 이 나라 현지인들에겐 상상하기 어려운 값이다. 이는 바라데로가 외국인으로 가득한 이유기도 하다. 이 때문에 아바나, 트리니다드에서 경험했던 쿠바 특유의 문화를 기대한다면 실망할 수 있다. 그저 아름다운 바다와 편히 쉬어가기에 훌륭한 호텔이 있는 곳이라고 보면 되겠다.

숙박권은 현지 여행사에서 사는 게 가장 저렴하다고 했다. 가이드북에서도, 블로그에서도, 여기서 만난 한국인들도 모두 입을 모아 그렇게 말했다. 다만 그 말만 믿고 호텔 이용과 관련해 구체적인 정보를 미리 알아 오지 않았던 건 명백한 나의 실수였다. 이렇게 바라데로에 도착하자마자 발목이 잡힐 줄은 몰랐다.

"어디로 모실까요?"

택시기사가 단잠을 깨웠다.

"여행사 앞으로 가주세요."
"여행사? 어떤 여행사? 어디를 말 하는 거예요?"
"여행사 있잖아요."
"여행사가 얼마나 많은데요."
"……."

당연한 말이었다.

“일단 시내 중심부에 내려 주세요.”

택시가 떠난 뒤 덩그러니 혼자 남았다. 그나마 기억나는 여행사 이름 ‘아바나 뚜르’를 맵스미 앱에 검색했더니, 4블록 뒤쪽에 있단다. 드르륵 드르륵, 캐리어 가방을 질질 끌고 뙤약볕을 걸어 아바나 뚜르에 도착했다.
카운터에 앉아 있던 직원은 웬일인지 날 본체만체 했다. 여러 차례 눈짓을 줬지만 누구와 그렇게 열심히 통화를 하는지 수화기를 내려놓지 않았다.
10분쯤 지났을까. 통화를 마친 그에게 호텔 추천을 부탁했다. 그는 대번에 한 곳을 가리켰다. 바로 멜리아 라스 아메리카스(Melia Las Americas) 호텔이었다. 그냥 오늘 싸게 나왔다는 게 이유란다. 올 인클루시브로 89쿡. 우리 돈으로 9만원이었다.
다른 선택 가능한 호텔들과 비교해 보고 싶었지만 여의치 않았다. 그가 던져준 팸플릿 리스트에는 정보가 부실했고 인터넷도 터지지 않았던 까닭이었다. 미리 좀 알아보고 올 걸 그랬다며 후회했지만 이미 늦은 일이었다. 불안해도 별 수 없었다. 멜리아로 가기로 했다.

끝없는 행군

"호텔 버스는 언제 오나요?"

"그런 거 없는데요? 저쪽으로 4블록 걸어가면 시내버스 있으니까 그거 타면 돼요."

버스가 바로 온다는 얘기를 어디서 들은 것 같은데 내 착각이었나 보다. 그나저나 여기까지 네 블록을 걸어왔는데 앞으로 네 블록을 더 걸어가라니 절망적이었다. 음악 듣고 주변 경관 살피면서 걸어가면 한달음에 닿을 수 있는 거리겠지만 지금은 사정이 달랐다. 무거운 캐리어를 '드르르륵' 끌고 가야 했기 때문이다. 무엇보다 여기는 정말 너무너무 덥고 습했다.

툴툴거리며 걸어갔지만 버스 정류장으로 볼 만한 표식을 찾을 수 없었다. 저 멀리 텅 빈 공터에 대형 버스 한 대가 서있었는데 이마저도 내가 도착하자마자 요란한 소음을 내며 떠나 버렸다. 그럼 난 이대로 길가에 서 있으면 되는 걸까? 아니면 버스가 출발한 공터로 가서 다음 버스를 기다려야 하는 걸까? 그렇게 망설이던 중 현지인으로 추정되는 남성 한 명이 눈에 들어왔다. 양손에 비닐 봉투를 쥐고 있는 걸 보니 장을 보고 집으로 돌아가는 길인 것 같았다.

"멜리아 호텔을 가려는데, 어디서 버스를 타야 하나요?"
"저기 해안도로에 버스 지나가는 것 보이죠. 저기서 타면 됩니다."
"그냥 쌩쌩 지나가는 것 같은데 저걸 어떻게 잡는답니까?"
"위쪽에 정류장이 있어요. 거기서 설 겁니다."

해안 도로까지는 못해도 500m. 그것도 오르막길이었다. 그가 말한 정류장은 도대체 어디에 처박혀 있다는 건지 코빼기도 안 보였다. 무거운 캐리어를 끌고 거기까지 걸어갈 엄두가 나지 않았고, 백 번 양보해서 정류장을 찾는다 해도 내가 기다리던 버스가 올 거라는 보장도 없어 보였다.
이건 아닌 것 같았다. 이 사람 조언은 그냥 무시하기로 했다. 왜, 아바나 뚜르 직원은 네 블록만 가면 버스를 탈 수 있다고 하지 않았나. 그래도 설명해 준 사람 민망하지 않도록 그가 말한 곳으로 잠깐 걸어가는 시늉이나 한 뒤 되돌아와야겠다고 생각했다. 그런데 그 순간 그의 목소리가 다시 들려왔다. 불쾌한 어조였다.

"3쿡은 주셔야 할 것 같은데요."

"무슨 소립니까."

"당신에게 설명해 주느라 제 시간을 쓰지 않았습니까. 여기에선 원래 그 정도 사례하는 게 룰입니다."

내가 또 만만해 보였나? 그냥 돈벌이로 보인 걸까? 물론 3쿡 정도, 눈 딱 감고 그냥 줄 수도 있었다. 하지만 그렇게 하면 이 사람은 다음에 오는 관광객을 또 이런 식으로 대할 것 같았다. 무언가를 생산하지도 않으면서 교묘한 말장난으로 돈을 버는 게 습관이 된다면 이들에게도 좋은 일은 아니었다. 그도 그렇지만 무례하고 불쾌한 그에게는 특히 한 푼도 건네고 싶지 않았다.

"돈 없습니다. 드릴 생각도 없고 말입니다. 가던 길 가세요."

다시 큰길로 돌아와 정류장을 찾았다. 휑한 그곳에서 15분쯤 직사광선을 맞고 기다렸더니 드디어 버스가 왔다. 빈 좌석이 없어서 캐리어를 한 손에 걸친 채 서서 이동했고, 내려서도 또 한참을 걸어가야 했다. 호텔에 도착했을 땐 완전히 지쳐 있었다.

멜리아의 불청객들

2:0이라고? 우리가 독일을 이겼다고?

멜리아 호텔 1층 로비 중앙에 세워진 입간판이 뭔가 하고 자세히 봤더니 2018 러시아 월드컵 상황판이었다. 조별리그 대진표가 쭉 제시돼 있고 여기에 그날그날 경기가 끝날 때마다 누군가 사인펜으로 결과를 적는 조악한 방식이었다. 방으로 들어가던 길에 이 상황판을 흘끔 봤다. 그런데 믿을 수 없는 결과가 적혀 있었다. 바로 한국이 독일을 2대 0으로 잡았다는 소식이었다. 잘못 봤나? 말도 안 돼! 앞서 멕시코나 스웨덴과의 시합에서 실망스런 경기력을 드러냈던 터라 이번 세계 최강 독일과의 3차전은 별로 기대하지도 않았었다.

결과를 알게 되자 늦었지만 하이라이트라도 빨리 봐야하지 않을까 하는 생각이 들었다. 다행히 바라데로 호텔에선 인터넷이 된다고 해서 방에 올라가 스마트폰의 와이파이부터 접속했다. 그렇게 영상을 검색했는데 왜 이렇게 느릴까……. 이거 참, 제대로 보기가 쉽지 않았다. 연결했다 끊겼다를 반복하며 낑낑거리다 보니 어느새 한 시간 가까이 훌쩍 지나 버렸다. 아이고, 더 이상 시간을 허비할 수 없겠다 싶어 일단 밥부터 먹기로 했다. 호텔에서도 객실이 아닌 로비에서만 와이파이가 가능하다는 설명은 나중에서야 들을 수 있었다.

오후 3시. 서둘러 찾아간 곳은 호텔 내에 있는 여러 식당 중 유일하게 이 시각까지 점심을 제공하는 'BBQ 레스토랑'이었다. 야외, 그것도 해변가 한쪽 백사장에 마련돼 한참을 헤맨 끝에 찾아낼 수 있었다. 파도 소리가 귓가에 부딪혔고 주변에는 새들이 지저귀고 있었다.

메뉴는 마음껏 골라 시킬 수 있었다. 올 인클루시브라 추가 요금이 없다는 말에 흥분해서 스타터, 파스타, 감자튀김에 더해 치킨스테이크까지 주문했다. 음식은 하나 같이 어딘가 간이 잘 맞지 않은 느낌이었지만 굶주린 승냥이처럼 게걸스럽게 씹어 먹었다. 그러다 맞은편에 있던 칵테일 바를 발견했다. 거리가 좀 있어서 그런지 '세뇨리따, 세뇨리따!' 아무리 불러도 응답이 없었다. 결국 직접 다가가 맥주 한 잔을 주문했다.

"어디서 왔습니까?"

"꼬레아노 쑤르, 한국에서 왔습니다."

"싸커! 싸커! 월드컵!"

어제까지만 해도 하뽄(일본), 아니면 치노(중국인)라고 불렸었는데, 이제는 '꼬레아'에 열광하며 엄지를 세워 보이는 그들을 보니 으쓱해졌다. (이게 다 우리 축구팀 덕분이다! 손흥민 만세, 조현우 만세!) 덕분에 자신 있게 소리칠 수 있었다.

"그래요, 제가 바로 한국인입니다."

차가운 맥주잔을 감싸쥐며 얼굴 가득 미소를 감출 수 없었다. 하지만 자리가 있는 쪽을 향해 뒤를 돌아서자마자 나는 아연실색할 수밖에 없었다. 눈앞에 믿을 수 없는 광경이 펼쳐져 있던 것이다. 내가 혼자 앉아 있던, 지금은 빈자리가 되어 있어야 할 테이블에는 웬 불청객들이 찾아와 앉아 있었다.
바로 새였다. 제비인지 박새인지 종은 정확히 모르겠지만 5~6마리가 옹기종기 모여 앉아 내 몫의 치킨스테이크와 파스타를 쪼아 먹고 있었다. 눈으로 보고도 믿기지 않는 상황이었다. 입이 딱 벌어진 채 얼마간 그 모습을 넋놓고 지켜볼 수밖에 없었다. 그야말로 '멘탈 붕괴'였다.
그러다 현실을 직시하고 뒤늦게 새들을 쫓아냈지만 어찌해야 할지 몰랐다. 음식에 파리가 앉는 것까지는 어떻게 적응할 수 있겠는데, 새라니……. 이걸 다시 주워 먹을 만큼 비위가 좋지 못함을 원망할 수밖에 없었다. 결국 급하게 폭립 하나를 추가 주문해서 어떻게든 주린 배를 채우긴 했지만 이미 나는 입맛을 잃은 뒤였다. 휴!

바람 솔솔 호캉스

방으로 올라가는 길, 이번엔 호텔 1층 로비에 있던 TV에 시선이 멈췄다. 한국 대 독일, 월드컵 경기가 재방송되고 있었다. 얼마나 명승부였는지 이역만리 외국 방송에서도 오늘 있었던 여러 경기 가운데 이 경기를 다시 틀어 주고 있던 것이다. 근처에 있던 칵테일 바에서 재빨리 모히토 한 잔을 받아 온 뒤 소파에 앉았다. 경기는 아직 전반 5분이었다. 골 장면만 보고 들어가기로 했다.

전반전이 끝날 때까지 답답하게도 아직 골은 터지지 않았다. 두 골이나 넣었다더니, 도대체 언제 들어간 걸까. 그러다 후반은 아예 방으로 올라가 조금 더 편하게 시청했다. 아직 바다도, 그리고 이 올 인클루시브 호텔의 시설도 전혀 즐기지 못한 상태였던 터라 시간이 좀 아깝다는 생각은 들었지만, 지금은 그냥 이게 더 좋았다. 몸이 이끄는 대로 움직이기로 했다.

스페인어 중계를 알아들을 수 없어 좀 답답했지만 경기를 시청하는 데는 무리가 없었다. 캐스터는 우리팀 미드필더 고요한 선수의 'Go'라는 영어식 이름이 신기했는지 그가 등장할 때마다 "Go, Go, Go."라고 외치며 폭소했다. 때때로 '김정은'이라는 이름도 들렸는데 이건 도대체 무슨 의미로 말했던 건지 알 수 없었다. 코리아에서 가장 유명한 사람은 역시 김정은이었을까.

두 골은 하필 모두 경기 막판에 터졌다. 이 때문에 결국 경기를 끝까지 다 보게 됐다. 밖은 벌써 어둑어둑해지고 있었다. 아이고! 올 인클루시브 호텔에 와 놓고 축구만 보고 끝낼 순 없었다. 주섬주섬 손가방을 챙겨 밖으로

나갔다.

풍덩! 더 늦을까 싶어 후다닥 내려와 물속에 뛰어들었다. 바다는 역시 환상적이었다. 하루 종일 쌓였던 모든 피로를 눈 녹듯 사라지게 만들 정도였다. 그런데 생각보다 물이 찼다. 게다가 해가 없어 그런지 스노클링 장비를 차도 물속에서는 아무 것도 보이지 않았다. 음……. 그러면 이제 뭐하고 놀면 좋을까. 혼자서 바다에 둥둥 떠 있기도 난데없이 허겁지겁 전속력으로 수영하기도 금세 싫증이 났다.

결국 해변으로 나와 선베드에 누웠다. 멋진 바다를 바라보며 여유로운 한

때를 즐기는 것, 이것도 쿠바에 오면 꼭 해보고 싶던 일 중 하나였다. 좋구나……. 그리고 또 하나 빼놓을 수 없는 게 있었다. 바로 독서였다. 미리 챙겨온 《체 게바라 평전》을 펴 들었다. 큰 맘 먹고 들고 왔지만 쿠바에 와서도 그동안 너무 바빴던 탓인지 책장은 거의 넘어가지 않고 있었다.

적당히 시원한 바람과 이따금씩 철썩이는 파도 소리. 몇몇 외국인들이 주변에 있었지만 방해 받지 않을 만큼 떨어져 있었다. 모든 게 완벽해서 오랜만에 온몸에 긴장이 풀렸다. 그래서였을까. 스르르 잠이 들었다. 눈을 뜬 건, 해가 이미 수평선 아래로 떨어져 어두워진 뒤였다.

방으로 돌아와 씻고 부랴부랴 식당으로 향했다. 뷔페식이었지만 맛은 이번에도 형편없었다. 젠장! 밥은 포기하고 칵테일이나 원 없이 마시기로 했다. 쿠바 리브레, 론 펀치, 프레지덴테, 다이키리, 그리고 바텐더가 추천한 이름을 알 수 없는 칵테일들을 한잔씩 들이켰다. 마지막에 마셨던 위스키와 사워크림을 섞어 만든 이곳만의 시그니처 칵테일은 꽤나 도수가 높았던 것으로 기억한다.

- 2018년 6월 27일 여행 12일차

바람 솔솔
호캉스
+ 영상으로 보기

별 하나 깎았을 뿐인데

눈을 떴다. 아침이다! 침대에 파묻었던 고개를 비틀어 주위를 살폈다. 환한 햇살이 창을 타고 비스듬히 들어왔다. 여기가 어디지? 순백의 넓은 침대가 왠지 낯설었다. 아, 여기는 쿠바 바라데로의 5성급 호텔, 멜리아 라스 아메리카노 더블룸이었다.

비틀었던 목에서 통증이 느껴졌다. 불편한 자세로 잠을 잔 탓이었다. 기억을 더듬어 어젯밤을 떠올렸다. 분명 술에 취한 채 헤롱헤롱 대며 방으로 들어왔는데……. 그리고는 침대 위에 그대로 뻗어 버렸던 것이다. 크고 안락한 이 방에서 침대 위에 늘어놓은 옷가지와 책, 그리고 소지품을 피해 우스꽝스런 자세로 자고 있었다. 에어컨을 세게 틀었는데 이불은 덮지 않아 밤새 오들오들 떨었던 것 같다. 게다가 조명도 켜져 있었다.

비몽사몽한 몸을 이끌고 준비하고 나왔다. 숙소를 옮기기 전에 이곳에 있는 시설을 하나씩 둘러보기로 했다. 먼저 수영장은 바다와는 저만치 떨어져 있

지만 가까이서 보면 마치 하나로 연결된 듯한 착각을 주는, 이른바 인피니티 풀이었다. 어둑어둑했던 어제와 다르게 푸른 하늘이 수면에 비쳐 더욱 몽환적이었다. 이런 곳을 발도 담구지 못하고 떠나야 한다는 게 못내 아쉬웠다. 그냥 여기서 하루 정도 더 지내도 좋을 것 같았다. 다만 어제 여행사에서 1일권만 끊었던 터라 연장하려면 시내로 나가야 했다. 기왕 나갈 거면 다른 호텔로 옮겨보는 것도 좋을 것 같다고 생각했다.

짐을 바리바리 싸들고 나왔다. 시내로 가는 길, 택시를 5쿡에 잡았다. 에어컨도 빠방했고 의자도 푹신했다. 무엇보다 시간을 훨씬 단축할 수 있었다. 그러고 보니 어제도 버스 잡겠다고 그 고생을 할 게 아니라 그냥 5천원 더 쓰고 택시를 타는 게 나았겠다는 후회가 들었다. 어제 갔던 아바나 뚜르 여행사를 통해 오늘은 '아레나스 블랑카스(Arenas Blancas)'라는 호텔을 잡았다. 1박에 79쿡으로 멜리아 호텔과는 10쿡 차이가 났다.

4성급이지만 바로 옆에 붙어있는 5성급 호텔 '솔리마르(Solymar)'의 시설을 공유할 수 있다는 얘기를 들었다. 어차피 방에서는 잠만 자고 대부분의 시간을 부대시설을 이용하는 데 쓸 예정이니 딱 좋을 것 같았다. 이렇게 한 푼이라도 아낄 수 있다니 더할 나위 없었다.

그런 결정을 후회하기 시작한 건 호텔 로비에 도착하면서부터였다. 먼저 외관부터 후줄근한 느낌이었다. 호텔이라기보다는 리조트 같았다. 에어컨 없는 로비에선 땀을 뻘뻘 흘려야 했고, 와이파이가 가능한 공간은 더 좁았다. 리셉션 앞에 늘어선 대기자 줄은 또 어찌나 긴지, 체크인 하기까지 30분 이상 기다려야 했다. 하아, 별 하나 깎았을 뿐인데…….
그나마 괜찮았던 건 방 내부 시설이었다. 넓은 공간에 고풍스런 디자인이 인상적이었다. 그래! 이런 좋은 곳에서 잠을 자고 부대시설은 솔리마르를

이용하면 되겠지. 그런 생각에 도망치듯 방에서 나온 뒤 해변 백사장을 거쳐 솔리마르로 이동했다.

"거기 들어가시면 안 돼요."

"저는 아레나스 블랑카스 투숙객입니다. 여기 팔찌 보이시죠."

"아니요. 이 식당은 솔리마르 사람들한테만 허용됩니다. 손님은 옆에 있는 스낵 카페만 이용하실 수 있어요."

"저도 이용할 수 있다고 하던데요?"

"정책이 바뀌었습니다."

아 뭐야 정말……. 결국 점심은 아쉬운 대로 마요네즈 잔뜩 뿌린 싱거운 핫도그, 퍽퍽한 감자튀김, 그리고 맥주 한 잔으로 만족해야 했다.

갑자기 분위기 누드비치

다시 해변으로 나왔다. 볕이 좋은 이 순간을 놓치고 싶지 않았다. 카메라를 들고 상하좌우 어디를 찍어도 작품이 나왔다. 더없이 맑은 하늘과 그보다 더 투명한 바다, 고운 모래, 그리고 백사장을 유유히 거니는 사람들을 렌즈에 담았다. 생전 이렇게 아름다운 바다를 다시 볼 수 있을까.

그때, 뷰파인더에 늘씬한 금발 여성 두 명이 들어왔다. 비키니를 입고 해변에 앉은 서로의 모습을 스마트폰 카메라로 번갈아 찍어 주고 있었다. 그 모습을 힐끔 바라보다 살짝 피식 했다. 포즈가 너무 인위적이었기 때문이다. 그런데 그 여인들이 느닷없이 상의를 풀어 젖혔다. '어? 시방 지금 뭐하는 겨?' 여긴 누드비치도 아닌데……. 얼굴이 화끈거렸다. 처음 보는 진풍경에 호기심도 들었지만 계속 쳐다보다간 변태 취급 받을 것 같았다. 그대로 줄행랑을 쳤다.

그렇게 그들이 보이지 않을 때까지 반대편으로 멀찍이 걸어왔다. 놀란 가

슴을 진정시킨 뒤 다시 카메라를 꺼냈다. 어? 그런데 카메라 렌즈를 덮는 뚜껑이 사라졌다. 어디에 흘렸을까, 설마……. 그랬다. 한참 돌아다닌 끝에 겨우 뚜껑을 발견한 건 아까 황급히 자리를 떴던 바로 그 곳에서였다. '나, 많이 당황했었구나.'

혼자여서 그랬을까. 물놀이는 오늘도 별로 재미가 없었다. 스노클링 장비를 차고 저 멀리까지 나갔다가 장비에 물이 들어와 죽을 뻔 했는데 본 사람이 아무도 없었고 어디 말할 데도 없었다. 뭐야 이게……. 결국 오늘도 해변에서 얼마간 책을 읽다 조용히 방으로 들어와야 했다.

이어 다시 식사 시간이 찾아왔다. 5성급 솔리마르는 이번에도 퇴짜를 당했

다. 아쉬운 대로 아레나스 블랑카스에 있는 뷔페를 찾았다. 그나마 눈에 띄는 음식 몇 가지를 접시에 담았다. 파스타와 콩줄기 샐러드, 닭다리와 돼지고기 볶은 것까지. 사람은 또 얼마나 많은지 한참 헤매다 겨우 구석에 자리를 잡을 수 있었다.

가장 먼저 파스타를 한입 베어 물었다. 이미 너무 식어서 눅눅해져 있었다. '에이, 입만 버렸잖아.' 다시 입맛이나 살릴까 싶어, 바로 돼지고기를 집어 들었다. 그런데 하필 고기에 묻어 있던 초록색 소스에서 역한 냄새를 맡았다. 하…. 포기했다. 운이 안 좋아서 그랬는지 모르겠지만 저녁은 완전히 꽝이었다.

손에 쥐고 있던 포크를 무의식적으로 테이블에 '탁' 하고 부딪쳐 내려놓은 뒤 자리를 박차고 빠져나왔다. 입맛에 너무 안 맞았다. 어제 있던 멜리아 호텔이 차라리 나았을 정도다. 휴! 결국 또 종류별 칵테일이나 하나씩 맛보다 취한 채 잠 들어야 했다. 바라데로의 마지막 밤은 이렇게 아쉬움만 남았

다. 내일은 아바나로 떠나야 했다. 슬슬 한국으로, 일상으로 돌아갈 시간이 다가오고 있었다.

- 2018년 6월 28일 여행 13일차

갑자기 분위기
누드비치
- 영상으로 보기

다시, 로맨틱 아바나 (La Habana)

아바나
판옵티콘

버스가 선 곳은 올드 아바나였다. 오늘 아침 바라데로 호텔에서 출발한 지 4시간 만이었다. 복닥복닥한 구시가지에 캐리어를 들고 다시 섰다. 트렁크에서 짐을 꺼내다 준 버스 기사는 걱정스런 눈빛으로 날 바라봤다.

"센트로로 간다고 했지? 알아서 잘 갈 수 있겠어?"
"물론이지. 이전에 아바나에서 일주일 동안 지냈거든."

그제야 안심했다는 듯 환한 미소를 보였다. 어쨌든 반갑다, 아바나야! 다시 왔다 내가! 모두 그대로였다. 페리선이 정박한 아바나 항구와 여전히 빈티지한 건물들. 짭짤한 바다내음과 축축한 공기, 그리고 정수리를 뚫을 듯이 내리쬐는 직사광선까지. 나는 푸른 하늘과 뭉게구름을 바라보며 숨을 크게 들이쉬고 다시 내쉬었다.

하지만 목적지인 요반나 까사까지는 꽤나 먼 걸음이 남았다. 하여 이렇게 계속 감상에만 젖어있을 수만은 없었다. 잔뜩 부푼 캐리어를 울퉁불퉁한 바닥에서 끌며 천천히 걸음을 내딛었다. 택시를 탈까 싶었지만 돈도 아낄 겸 쿠바의 마지막 오후를 이렇게 음미하는 것도 좋겠다고 생각했다. 그렇게 쭉 걸어가다 금세 비에하 광장을 마주했다. 하늘이 있고, 예쁜 건물이 있고, 스토리까지 있는 이 광장을 나는 오늘도 사랑하지 않을 수 없었다.

광장 한쪽 끝에는 카마라 오스쿠라가 있었다. 앞서 두 차례나 입구까지 갔다가 돌아왔던 곳이었다. 다시 가볼까? 그래! 지금이 아니면 이제 정말 다시 올 일이 없었다. 캐리어 가방을 질질 끌고 다니려면 좀 불편하겠지만 감수하기로 했다. 다행히 이번엔 문이 열려 있었다.

▲ 카마라 오스쿠라의 원형 스크린

엘리베이터를 타고 올라가 캄캄한 암실로 입장했다. 여기서 눈에 보이는 건 단 하나. 가운데 테이블 위에 놓인 한 미술 작품이었다. 천장에 달린 핀 조명이 이 그림을 비추고 있었다. 어디 보자……. 가운데엔 카피톨리오가 있고 아바나의 원경이 아주 사실적으로 그려져 있었다. 그때 해설사가 들어왔다.

"화면을 보세요. 아바나가 보이죠?"
"화면이요?"
"네. 렌즈가 비추고 있는 건 지금 현재 아바나의 모습입니다."

헉! 그림이 아니었다니.

옥상에 있는 잠망경 렌즈가 시내를 비췄고 이게 거울에 반사돼 아래 원형 스크린에 투사되고 있다고 했다. 와, 말도 안 돼! 마치 CCTV를 보는 것 같았다. 아니 그보다 선명했다. 이게 암실 광학렌즈란다. 눈으로 직접 보고도 몰랐다. 렌즈는 천장에 달린 줄을 돌려 상하좌우 자유자재로 움직일 수 있었다. 화면을 돌리다 한 번은 어느 집 2층 발코니 쪽을 비췄는데 너무 선명해서 턱을 괴고 있던 중년 남성이 한쪽 눈을 찡긋하는 모습까지 감지할 수 있을 정도였다. 너무너무 신기했지만 한편으론 좀 섬뜩하단 생각이 들었다. 마음만 먹으면 프랑스 철학자 미셸 푸코가 말했던 '판옵티콘'처럼 이걸로 누구든 감시할 수 있는 것 아닌가!

"유 꼬레아노?"
"어떻게 알았어요?"
"이걸 들고 있잖아요."

감상을 마치고 밖으로 나가려던 때. 해설사는 별안간 내 손에 들려 있던 손풍기를 가리켰다. 이걸 든 사람에게 물어 보면 그동안 백이면 백 모두 한국인이었단다. 몹시 신기해하던 그를 앞에 두고 잠시 망설이다 손풍기를 그에게 선물했다. 마지막 날이니 왠지 그러고 싶었다. 선물을 받은 그는 마치 어린 아이처럼 즐거워했다. 역시 선물하길 잘했다 싶었다. 앞서 요반나 까사 아이들에게도 동전 지갑 대신 이걸 줬다면 이렇게 좋아하지 않았을까.

이후 근처에 있는 카페 에스코리알에 들러 선물용 커피를 몇 봉지 사고 다시 요반나를 향해 걸었다. 하…. 근데 너무너무 더웠다. 왠지 며칠 사이에 아바나는 더 뜨거워진 것만 같았다. 결국 몇 걸음 가다 결국 '자전거 택시'에 몸을 맡겨야 했다.

다시 찾은 요반나에서 한국인 여행자들을 만났다. 트리니다드에서 '인어공주 패밀리'를 떠나보낸 뒤 사흘하고도 반나절 만에 처음 마주한 한국 사람들이었다. 반갑다 얘들아! 그들은 모두 20대 청년인 동생들이었다.
나는 짐을 풀고 낮잠부터 청했다. 무더위로 지친 몸을 다시 일으키는 데 단잠만큼 효과적인 수단이 없다는 건 지난 2주간의 경험이 선사한 교훈이었다. 그래도 앞서 며칠 머물렀던 곳이라 그런지 마음도 비교적 편했다.
마지막 저녁 식사는 새롭게 만난 동생들과 함께 했다. 여기에 4명의 한국인 유학생들까지 합류했다. 캐나다에서 유학 중이라는 이 여학생들은 기숙사 룸메이트답게 찰떡 같이 곧잘 붙어 다녔다. 그렇게 멤버는 모두 8명으로 늘게 되었다.

말레콘 꼬마들

'택시 투어' 멤버들이 떠난 뒤 나머지 두 명과 함께 말레콘에 가기로 했다. 사실 말레콘은 마지막 일정으로 예전부터 점 찍어 놓은 곳이었다. 아바나에 있을 때 매일 같이 왔지만 단 하루도 동일한 빛깔을 보이지 않았던 곳. 가장 로맨틱하고 가장 강렬했던 그 곳. 그런 말레콘이 쿠바에서의 마지막 시간으로 장식되지 않는다면 어딘가 섭섭한 마음이 들 것 같았다.
오비스포 거리에서 저녁을 먹고 이제 말레콘을 향해 걸었다. 오늘은 왠지 해가 평소보다 더 붉었고 그 빛을 받은 건물들은 더욱 분명한 색감을 냈다. 혹여 놓칠 새라 지체 없이 카메라 셔터를 눌러 댔다. 마지막이라는 생각이 마음 한가운데 계속 남아서 그랬을까. 기록하지 못했던 몇몇 경관이 못내 아쉬웠다.
시각도 시각이지만 오감 그대로 모두 담아가고 싶었다. 먼저 퀴퀴하면서도 짭짤한 냄새. 첫날은 불쾌하다고 느꼈던 이 냄새가 언젠간 그리워지는 날이 오겠지. 그 다음 촉각은 어떻게 기억할 수 있을까? 옆에 있던 대리석 건물 외벽에 손바닥을 갖다 댔다. 단단할까 아니면 무를까? 그런데 왠지 예상 외로 까끌까끌했다. 으악! 흙먼지가 한 가득이었다. 에이……. 물론 그래도 괜찮았다. 쿠바였으니까. 더럽고 불쾌한데 그게 또 매력인 곳이니까.

궁상을 떨며 걷다 보니 어느새 말레콘에 도착했다. 명당을 찾고자 중심부를 향해 걸었다. 한 걸음, 또 한 걸음. 그런데 갑자기 웬 깡마른 현지인 아이 두 명이 다가왔다. 그들은 우리가 들고 있던 카메라에 자신들의 얼굴을 들이밀고 손으로 V자를 그렸다. 같이 사진 찍자는 얘기였다.

> '그래, 이 귀여운 것들. 잘 나오면 페이스북 프로필 사진으로 써야지.'

나도 똑같이 V자를 그리며 사진을 찍었다. 그런데 촬영 직후, 갑자기 한 놈이 손바닥을 펼쳐 내미는 것이었다. 돈을 달라는 사인이었다. '그럼 그렇지! 이 지긋지긋한 쿠바!' 정말 일관성 하나는 인정해 줘야 한다. 바라데로에서 버스 정류장 하나 알려주고 뻔뻔하게 3쿡이나 내놓으라던 아저씨랑 어쩜 이렇게 똑같을 수 있는지…….

> '하지만 얘야. 안 된다. 내가 몇 푼 주면 넌 앞으로 계속 이 짓을 할 거고 노동의 가치를 제대로 배우긴 더 어렵지 않겠니. 미안하지만 이

방법은 옳지 못한 것 같구나.'

…라고 말하며 단칼에 돌아서고 싶었지만 차마 그러지 못했다. 원래 뵈는 게 없는 놈이 무섭다고, 이성적인 판단이 안 되는 이 꼬마가 혹 해코지를 할지도 모른다는 최악의 가정이 스쳤다. 어쨌든 순진하게 카메라 프레임 한쪽을 그에게 내어준 것도 내 쪽이었으니까……. 결국 나는 동전 지갑을 열어 산타 클라라에서 쓰고 남았던 현지 화폐 '모네다' 지폐 한 장을 꺼내줬다. 우리 돈으로 500원도 안 되는 작은 돈이었지만 이 정도면 그래도 성의는 표시가 됐으리라.

이어 방파제 중심부에 자리를 잡았다. 석양이 가장 예쁘게 보이는 곳이었다. 함께 온 청년이 가방에서 조용히 블루투스 스피커를 꺼내자 15년 전 임창정 노래가 흘러나왔다. 시간이란 게 항상 아쉬울 때, 행복할 때 끝난다는 점을 안타까워하는 내용의 가사였다. 정말 그랬다. 첫날 오후 나는 이곳 말레콘에서 '얼른 집에 가고 싶다'고 생각했었다. 그리고 '남은 시간을 어떻게 지낼까' 하며 두려워했다. 그러다 히론, 트리니다드, 산타 클라라, 그리고 바라데로를 거쳐 아바나에 다시 왔고 어느 틈에 여기 생활이 조금은 몸에 익기 시작했다. 이런 데서 사람이 어떻게 사나 싶었는데 사람이란 게 막상 또 살다 보니 그런 대로 적응하게 돼 있었다. 행복했고 솔직히 떠나기 아쉬웠다.

방파제에 선 한국인 셋은 그렇게 말없이 석양을 응시했다. 미리 약속한 건

아니었는데 누구도 어떤 말도 하지 않았다. 그런데도 어색하지 않았고 조급한 마음도 없었다. 나는 적당히 시원한 바람을 맞으며 2주 동안의 여행을 곱씹었다. 노트를 꺼내 정리된 마음을 꾹꾹 눌러 적었다. 건물 저편으로 해가 떨어진 건 한 시간쯤 지난 뒤였다.

- 2018년 6월 29일 여행 14일차

말레콘
꼬마들

+ 영상으로 보기

집에 갈 수 있을까

마지막 밤. 말레콘에 혼자 남아 여운을 만끽하다 조금 늦게 돌아왔다. 캄캄하고 조용한 골목을 거쳐 요반나 까사 앞에 도착해 현관문을 슬며시 열었다. 휴게실은 오늘도 왁자지껄 했다. 혹시나 했는데 역시나 오늘도 이야기꽃이 피었다. 앞서 저녁 식사를 함께 했던 7명이 모두 남아 있던 것이다.

"아직 안 자니?"
"형님 기다리고 있었죠. 여기 앉으시면 돼요."
"새벽에 떠나려면 난 얼른 자야할 것 같은데…."
"에이, 형님 맥주까지 여기 사 놨단 말예요."

'그래, 좋다. 딱 한 잔이다.'

"근데 형님, 기자님이셨다면서요? 우와!"

"응. 이제 돌아가면 바로 출근해야 하는데 벌써부터 걱정이다."

"기자 처음 봐요. 엄청 힘들죠? TV에서 봤는데, 잠도 거의 못 잔다면서요."

"수습기자 때를 말하는 것 같네. 밤낮 없이 경찰서 도느라 하루 2시간도 채 못 자고, 내내 전화로 꾸중 듣다 보면 정신이 나가지. 나도 4년 전에 그렇게 살았어."

물론 솔직히 이곳 쿠바에서의 생활 수준을 따져 보면 수습기자와 별 차이가 없을 것 같았다.

"지금은요?"

"그때보단 낫겠지? 하지만 지금도 매일 같이 중압감을 느껴야 하는 건 똑같고, 아마 근무 시간으로 따져도 일반 회사원들보다 훨씬 길 거야. 정해진 근무가 끝나도 취재원들 만나서 술 마시는 게 또 우리 일이니까."

어느새 직업 탐방 내지 취업 특강 분위기가 돼 버렸다.

"힘든데 왜 해요? 진짜 보람이 있어요?"

"나랑은 잘 맞는 것 같아. 내가 쓴 기사로 법이나 규정이 바뀌고 죽겠다던 사람이 살아 보겠다고 말하는 모습을 한 번씩 보면, 또 힘이 나고 그러더라고."

정말 그랬다. 어떤 사망 사건을 계기로 정신 장애인 복지 문제를 끈질기게 물고 늘어진 뒤 실제로 관련법이 개정됐을 때, 쌍용차 해고자 가족들의 삶의 변화를 심층 보도 한 뒤 9년 만에 노사가 합의하는 모습을 봤을 때, 차별과 따돌림으로 죽고 싶다던 메르스 희생자 유가족이 보도 이후 삶의 의지를 찾았다고 했을 때……. 그럴 때면 힘이 불끈 솟았다. 업계에선 그런 걸 두고 '뽕 맞았다'고들 말했다.

특히 내가 '하은이'라고 가명을 붙인 한 지적 장애아를 둘러싼 사건을 취재했을 때가 그랬다. 13살 때 7살 지능을 갖고 있던 이 아이는 닷새 동안 6명의 남성에게 잇달아 성폭행 등을 당하고도 법원에서 '성매매'라는 판단을 받았었다. 그런데 아이의 어머니를 인터뷰 한 뒤 펑펑 울며 썼던 기사가 적잖은 파장을 낳았고 이는 변화로 이어졌다. 항소심 재판부가 원심을 깨고 아이의 손을 들어줘 오명을 씻을 수 있던 것이다. 법정에서 나오는 길에 온몸에 소름이 쫙하고 돋았던 그날의 기억은 어쩌면 내게 평생의 '뽕'으로 남으리라.

일련의 취재기를 소개하는데 이상하게 목이 메어왔다. 듣고 있던 한 대학생도 눈이 벌겋게 충혈돼 있었다. 나는 아랑곳하지 않고 앞서 취재했던 여러 이슈를 함께 나눴다. 베트남전쟁 한국군 민간인 학살, 세월호 참사, 일본군 위안부 문제까지……. 그렇게 중언부언하다 시계를 보니 어느덧 새벽

2시가 됐다. 예상보다 길어졌는데 나름 한국에서의 내 삶을 정리하는 시간이 됐으니 아깝진 않았다.

방에 올라가 잠깐 눈을 붙였다. 1시간쯤 잤을까. 진동으로 맞춰던 스마트폰 알람이 새벽 4시에 울렸다. 곤히 자는 옆자리 청년이 깨지 않도록 조심히 씻고 짐을 챙겨 내려왔다. 창밖에 불빛이 깜빡이는 걸 보니 공항행 택시가 때마침 도착했나 보다. 이제 정말 가는구나.

문을 열고 나왔을 땐 한 한국인 부부가 기다리고 있었다. 출발 시각과 방향이 겹쳐 까사에서 맺어준 카풀(?)이었다. 덕분에 처음 공항에서 센트럴로 올 때랑 마찬가지로 이번에도 좀 싸게 탈 수 있었다.

"어디로 모실까요? 아바나 공항에는 터미널이 여러 곳 있어요."

"터미널1로 가주세요."

"캐나다로 가시죠? 그럼 터미널3일 텐데."

택시 기사들이 터미널을 헷갈려한다는 건 진작부터 알고 있었다. 이곳에 있다 먼저 떠났던 이들이 입을 모아 전해줬던 얘기다. 이럴 줄 알고 나는 터미널만큼은 미리 정확하게 확인해 놨었다. 나는 자신 있게 '터미널1'을 외쳤다. 같이 탄 부부도 그렇게 알고 있다고 하니 틀림 없을 것이다. 만약 여기가 아니라고 해도 이제 와서 따로 알아볼 방법이 있는 것도 아니었다.

1시간쯤 걸렸을까 터미널1에 도착했다. 내 지갑에서 꺼낸 10쿡과 부부의 10쿡을 합해 기사에게 건넨 뒤 공항에 들어갔다. 바로 전광판이 보였다. 어디 보자……. 헉, 없었다! 비행일정이 보이지 않았다. '캐나다 토론토 피어슨 공항'이란 문구는 어디에도 쓰여 있지 않았다. 뭔가 잘못 됐다는 사실을 그제야 알았다. 하지만 이제와 누구를 탓할 겨를도 없었다. 부부와 함께 재빨리 다른 택시를 잡아탔다. 앞서 기사가 얘기했던 '터미널3'으로 일단 달렸다. 하지만 그 터미널에 우리가 예약한 비행기가 있는지는 누구도 장담하지 못했다.

긴장되는 순간 심장이 터질 뻔 했다. 등을 편히 의자에 붙이고 앉아 있기 어려울 정도였다. 혹시라도 제때 도착하지 못해 비행기를 놓친다면 백만원에 가까운 돈을 다시 내고 새 항공권을 끊어야 할 상황이었다. 한국까지는 항공 일정이 많지도 않으니 오늘 떠날 수 없을지도 몰랐다. 인터넷도 되지 않는 곳에서 여러모로 곤란할 수밖에 없는 상황이었다.

그렇게 터미널3에 도착했다. 다행히 여기가 맞았고 비행기는 아직 출발하지 않았다. 하마터면 큰일 날 뻔했다. 휴! 역시 무서운 나라였다. 마지막 순간까지 긴장을 풀 수 없었던 이유다.

- 2018년 6월 30일 여행 15일차

Hasta la victoria siempre

말레콘 메모

내내 덥고 습했다. 변기엔 플라스틱 커버가 없었고 샤워기는 누전됐는지 만질 때마다 전기가 찌릿찌릿 올랐다. 골목에선 음식물 쓰레기 냄새가 진동했고 먼지, 매연, 벌레는 끝도 없었다. 카톡 한번 하려면 30분을 걸어가야 했고 게다가 와이파이 카드를 사는 데 다시 1시간을 기다려야 했다. 그러다 의욕이 떨어지면 점심 먹고 '아….' 저녁 먹고 '아….' 하고 늘어졌다. 어디라도 가 볼까 싶으면 먼저 다녀간 한국 여행자들이 까사에 남겨 놓은 정보북을 일일이 뒤져야 했다. 아바나, 트리니다드 외에는 동양인도 거의 없어서 부담스런 시선과 소외감도 견뎌야 했다.

그런데 막상 떠나려니 아쉽다. 이놈의 지랄 같은 무더위와 악취, 음식에 올라앉는 파리도 이제 막 적응되던 차였는데 15박 16일이 훌쩍 지나가 버렸다. 언제쯤에야 다시 올 수 있을까……. 아마 올 수 없을 지도 모른다. 그래서 더더욱 여기 있는 모두를 마음에 담아가고 싶다. 가장 오랜 시간 보냈던 말레콘 해변도, 생각만 해도 피곤한 오비스포도, 여전히 신기한 올드카, 그들이 내뿜는 탁한 매연까지도. 특히 여기서 만난 쿠바노들과 여행자들은 평생 잊을 수 없을 것 같다.

이다음에 언젠가 아들에게, 딸에게 "아빠, 그 때 쿠바에 있었다." 하고 자랑하고 싶었다. 봉쇄가 풀리고 자본주의가 들어오면서 빠르게 변하고 있다고 하니 아마 몇 년 뒤만 해도 많이 달라져 있지 않을까? 꾸민 듯 안 꾸민 듯 시크한 빈티지 스타일의 도시 경관, 츤데레 같지만 영혼이 순수한 사람들 모두 다 기억할 테다.

쿠바 여행영상
48편 모두 보기